# UNE INTRODUCTION À L'INTERPRÉTATION DES Rêves

STASE MICHAELS

LES PETITS LIVRES D'ÉSOTÉRISME

# UNE INTRODUCTION À L'INTERPRÉTATION DES Rêves

…LIBÉREZ LE POUVOIR QUI EST EN VOUS…

MARABOUT

Traduction d'Audrey Dinghem

Publié pour la première fois en 2015 par Sterling Publishing CO., INC., USA,
sous le titre A LITTLE BIT OF DREAMS: An Introduction to Dream Interpretation.

Cette édition a été publiée avec l'accord de Sterling Publishing Co., Inc.,
1166 Avenue of the Americas, New York, NY, USA, 10036. 

# SOMMAIRE


INTRODUCTION ET REMERCIEMENTS ..... vii

1 QU'EST-CE QU'UN RÊVE ? ..... 1

2 RÊVER ET COMPRENDRE SES RÊVES ..... 10

3 LES ÉMOTIONS, SIGNAUX D'ALERTE ONIRIQUES ..... 32

4 TOUT EST DANS LE RÉCIT : COMMENT LE CANEVAS INCARNE LE MESSAGE ONIRIQUE ..... 38

5 UN RÊVE N'EST PAS UN MINIFILM, MAIS UN LIEN AVEC VOTRE EXISTENCE ..... 48

6 LES SYMBOLES ET LES RÊVES ..... 54

7 LUMIÈRE, CAMÉRA, ACTION : GROS PLAN SUR LE MESSAGE ONIRIQUE ..... 70

8 CONSEILS AVANCÉS POUR ANALYSER LES RÊVES ..... 84

9 LES CAUCHEMARS ET LES MAUVAIS RÊVES SONT VOS AMIS ..... 90

10 LES PERSONNES DANS LES RÊVES : QUAND SONT-ELLES VOTRE REFLET ? ..... 100

11 TOUS LES RÊVES N'EN SONT PAS : L'EXPÉRIENCE MYSTIQUE MÉMORISÉE COMME UN RÊVES ..... 106

MES VŒUX : DE CHALEUREUX ADIEUX ..... 114

INDEX ..... 117

## INTRODUCTION ET REMERCIEMENTS

Tout d'abord, un immense merci à ma famille, qui m'a toujours offert un soutien moral sans égal. Ensuite, je remercie du fond du cœur mes nombreux amis, qui m'accompagnent sur la voie spirituelle.

Je dédie ce livre aux personnes qui se lancent dans l'exploration des rêves ainsi qu'à celles qui vivent déjà cette aventure au quotidien. Fondé sur une vie entière consacrée à l'analyse des rêves, il contient de quoi satisfaire la curiosité de tous.

Je n'imagine pas quelle pourrait être ma vie si celle-ci n'était pas guidée par mes rêves, et je remercie tous ceux qui m'ont précédée et ont ouvert la voie de la compréhension de soi-même à travers les rêves, à commencer par Carl Gustav Jung. Ses textes majeurs traitant des rêves sont toujours une source d'inspiration, bien que je ne l'aie jamais rencontré. Par le passé, alors que je me posais une question fondamentale à ce sujet, il est même apparu dans mes rêves pour me répondre. Cela a été pour moi un grand honneur et une véritable joie, comme s'il m'avait passé le relais ainsi qu'aux nombreuses personnes qui tentent d'éclairer la voie. Mille mercis à mes anciens professeurs d'Atlantic University et à celles et ceux qui cherchent à expliquer la signification des rêves.

Pour en revenir à mes premières influences, j'ai vraiment commencé à comprendre les rêves grâce aux « lectures » d'Edgar Cayce en vingt-quatre volumes. Cayce était un pionnier mystique des temps modernes. Il est rapporté que les idées qu'il exprimait lors de ses visions lui venaient des « annales akashiques », une source d'informations considérée, en théorie, comme une mémoire cosmique à même d'enseigner le sens mystique de la vie à ceux qui la consultent. Les lectures d'Edgar Cayce contiennent énormément de références aux rêves et à leur importance dans le voyage spirituel.

Au cours de mon exploration personnelle des rêves, j'ai passé plusieurs années à condenser ma méthode d'analyse, jusqu'à parvenir à la « Technique des rêves en cinq étapes » décrite dans cet ouvrage. Parmi les concepts-clés, j'ai d'abord retenu l'idée de se concentrer sur un « thème » ou un « canevas » (étape 2 de la Technique des rêves en cinq étapes) de la célèbre auteure Elsie Sechrist, qui a écrit, il y a plus d'un demi-siècle, *Dreams: Your Magic Mirror.* Elsie, que j'ai eu le privilège de connaître en personne, avait mentionné lors d'un séminaire auquel j'avais assisté le principe de généralisation de la trame de chaque rêve. Cette idée a été redéfinie et mêlée à d'autres pour constituer une méthode d'analyse de rêves simple et rapide, considérée par les néophytes et les explorateurs plus expérimentés comme un formidable outil pour démarrer vite et bien.

Enfin, et surtout, je remercie mon agent, l'extraordinaire Lisa Hagan de Paraview Literary Agency, une femme dotée d'un cœur en or et d'une intelligence exceptionnelle, ainsi que mon éditrice Kate Zimmermann qui, grâce à son regard et sa plume hors pair, sait mieux que personne comment débroussailler et enrichir les contenus. Bravo à elles pour tout leur incroyable travail et leur soutien.

Ces vers, parmi mes favoris, me viennent à l'esprit pour illustrer ce beau voyage : « Je suis une part de toutes ces rencontres. / Mais toute expérience est une arche, à travers elle / Luit le monde inexploré, dont les marges s'effacent / Pour toujours, pour toujours quand j'avance[1]. » Puisse votre « trek » sur les terres des messages oniriques s'avérer aussi passionnant que le mien.

1 Alfred Tennyson, « Ulysse », *Po&sie*, vol. 156 (2), 2016, pp. 53-55.

1

# QU'EST-CE QU'UN RÊVE ?

Quand on fait un rêve, on se demande généralement ce qu'il *signifie*. Peu de personnes se demandent ce qu'*est* un rêve. Et même moi, experte en rêve, je ne me posais pas cette question. Pendant des années, je me suis concentrée sur ce que signifiait le rêve, sans me demander ce qu'il était. Les laboratoires d'étude du sommeil ont mis en évidence le sommeil paradoxal (ou REM, *Rapid Eye Movement*), l'activité des ondes cérébrales pendant le sommeil et les différentes phases du sommeil. Néanmoins, ces réalités scientifiques n'expliquent pas l'origine ni les fonctions du rêve. Les mystiques, en revanche, assimilent le rêve à un message de l'âme. Peut-être ont-ils raison, mais cela n'explique pas non plus la mécanique à l'origine du rêve. Il m'a fallu du temps pour m'apercevoir que j'avais du mal à définir ce qu'était réellement un rêve.

Guidée par la curiosité, je me suis alors lancée dans un trek spirituel de dix ans, en quête de réponses. J'ai lu des livres et épluché des revues scientifiques. Cela m'a aidée à comprendre ce que *fait* le rêve, mais pas ce qu'il *est*. L'élément de réponse qui m'a semblé le plus parlant se rapportait aux « résidus de la journée » décrits par Sigmund Freud, qui considérait que les rêves étaient l'expression de nos tracas quotidiens ; un concept qui sera ensuite développé par Montague Ullman. Cette idée du rêve comme résidu de la journée a germé en moi jusqu'à l'éclosion d'une définition. En mobilisant toutes les études que j'avais menées au cours de ma vie sur le sujet, je suis parvenue à me faire une image claire de la mécanique qui fait émerger le rêve et de ce qu'il *est* vraiment.

## D'OÙ VIENNENT LES RÊVES

**VOUS JONGLEZ AVEC DEUX VIES.** Vous menez deux vies : une vie extérieure faite d'actions et une vie intérieure secrète, faite de pensées et d'émotions. La médiation entre ces deux parties de vous-même est assurée par la « psyché » qui, dans le contexte des rêves, correspond à l'ensemble des interactions entre votre esprit, votre corps et, pour les croyants, votre âme.

**VOTRE VIE EXTÉRIEURE.** Tout au long de la journée, vous assumez votre rôle de parent, de frère ou de sœur, d'ami·e, d'étudiant·e, de médecin, de chauffeur·se de bus, de professeur·e, de travailleur·se social·e, etc. Chacun de ces rôles définit ce que vous *faites*, mais pas qui ni ce que vous *êtes*.

**VOTRE VIE INTÉRIEURE.** Tandis que vous êtes absorbé·e par la routine, votre esprit entretient un dialogue interne continu et silencieux, associant votre expérience immédiate avec ce que vous pensez et ressentez. Ces « associations » entre l'intérieur et l'extérieur peuvent susciter en vous des sentiments conflictuels ou d'apaisement.

Tout cela s'accumule sur votre tableau d'affichage silencieux, en arrière-plan, de même que les souvenirs de vos expériences quotidiennes, comme une pile de courrier qu'il faudra bien finir par trier.

**LA PSYCHÉ, VOTRE PARTENAIRE SILENCIEUX.** Une grande partie de vos expériences repose sur ce dialogue intérieur silencieux. Puisqu'il s'agit d'une conversation privée avec vous-même, 99 % de ce que vous pensez et ressentez n'est jamais dévoilé, pas même à votre meilleur·e ami·e ni à votre partenaire.

**LA PSYCHÉ SAIT TOUT ET CONNECTE TOUT.** La partie de vous qui prend part à tous ces dialogues internes est la psyché. Elle représente tout votre moi intérieur et fait fusionner vos vies intérieure et extérieure. C'est elle qui fait de vous qui vous êtes. La psyché vous sert aussi de pilote automatique silencieux ; elle est le « je » et le « moi » conscient de toutes vos pensées, vos sentiments et vos actions. Elle est la principale interface entre vous-même et le monde, toujours prête à défendre vos intérêts. Elle représente les pensées et les sentiments distillés auxquels aboutit le long dialogue intérieur. Certains disent que c'est une « voix intérieure ». Elle est à la fois le petit agent chargé de la circulation, qui filtre ce qui entre dans votre cerveau et ce qui en sort, et l'employé administratif, qui trie et classe les associations entre votre vie intérieure et votre vie extérieure, qui se sont accumulées au fil de la journée.

La psyché regroupe à la fois :

- une vue d'ensemble des sentiments ou des problèmes non résolus ;
- la partie consciente, éveillée de vous-même, qui dirige vos activités quotidiennes ;

- la partie inconsciente de vous-même qui bouillonne de pulsions secrètes, d'angoisses, de pensées et de sentiments ;
- les idéaux, les objectifs et les normes qui déterminent les « règles internes » régissant votre vie. Et si vous la mobilisez à cette fin, la psyché peut faire le lien entre vous-même et votre âme, et vous faire accéder au divin.

## LA NAISSANCE D'UN RÊVE

**UN PASSAGE EN REVUE AUTOMATIQUE.** Lorsqu'on dort, l'esprit passe en mode « nettoyage automatique », pour filtrer et classer par ordre d'importance les événements, les sentiments et les réactions de la journée. L'esprit doit désormais traiter les associations vie intérieure/vie extérieure accumulées au fil de la journée. La psyché entre en action et passe en revue les soucis restants, que Sigmund Freud a qualifiés de « résidus de la journée ». Dans plusieurs de ses livres sur l'interprétation des rêves, Montague, le grand pionnier en la matière, a fait de ces « résidus de la journée » la semence des rêves. Pourtant, ni l'un ni Ullman l'autre n'ont expliqué la manière dont le rêve se manifeste. Voici donc, d'après une vie d'observations, notre vision de la naissance des rêves.

**ÉTAPES DE LA NAISSANCE D'UN RÊVE.** Dans les grandes lignes, la psyché procède de la manière suivante pendant votre sommeil :

**UN SURVOL ET UN TRI RAPIDE.** À l'instar d'un ordinateur qui traite les informations très rapidement, la psyché crée des concordances entre les activités, les pensées, les sentiments et les observations de la journée. Elle compare les expériences nouvelles aux expériences similaires passées. Elle étudie ensuite la façon dont ces nouvelles observations coïncident avec vos objectifs, vos idéaux, vos espoirs et vos souhaits.

Lors de cette première étape, l'esprit crée deux piles : les « affaires classées » d'un côté, et les « affaires en cours » de l'autre.

**LES AFFAIRES CLASSÉES SONT TRAITÉES.** La psyché commence par traiter les actions, les pensées et les sentiments qui ont été correctement gérés et menés à terme pendant la journée. Tout ce qui apparaît comme totalement réglé sur le plan émotionnel est enregistré dans la mémoire.

**LES AFFAIRES EN COURS SONT RÉÉTUDIÉES.** Après avoir archivé les affaires classées, la psyché « scanne » de façon plus détaillée les affaires en cours, composées de pensées, de sentiments, d'actions et de décisions non résolus, provoqués par les événements de la journée. La psyché trie vos soucis par ordre d'importance et signale les questions, les désirs non satisfaits et les problèmes qui nécessitent votre attention. Elle compare aussi les problèmes non résolus à vos expériences présentes et passées. Le résultat final est un ensemble de conclusions et de suggestions visant à résoudre ces problèmes, et que votre esprit doit ensuite vous transmettre.

**LA RÉPONSE DE LA PSYCHÉ EST PRÉSENTÉE SOUS FORME DE RÊVE.** Après avoir évalué ce qui vous tracasse, la psyché établit un rapport pour résumer tout ce qui aurait pu vous échapper et qu'elle a pu glaner sur le tableau d'affichage de la journée. Ce rapport peut vous offrir un angle de vue original, une idée nouvelle ou une piste pour mieux vous informer sur un sujet pour lequel vous n'avez pas encore toutes les réponses. Pendant que vous dormez, ce mini rapport vous est présenté sous forme de mémo visuel portant sur vos sentiments, vos inquiétudes et vos décisions non résolus.

**QUE NOUS DIT LE RÊVE ?** Les mémos oniriques de la psyché peuvent s'apparenter à l'un ou plusieurs de ces types de messages :

- une vue d'ensemble des sentiments ou des problèmes non résolus ;

- les influences ou les réactions passées en rapport avec un problème actuel ;
- des facteurs relatifs à un sujet et auxquels vous n'avez pas prêté attention ;
- des sentiments que vous ignorez ;
- une invitation à modifier votre point de vue ou votre objectif ;
- un conseil sur la façon de gérer un aspect de votre vie ;
- des idées générales ou plus précises sur un sujet ou un problème.

## LES EFFETS PSYCHOLOGIQUES SUR LE CORPS PENDANT QUE VOUS DORMEZ

**LE CERVEAU RESTE ACTIF.** Le cerveau est aussi actif quand vous rêvez que quand vous êtes éveillé·e. Certains signes physiologiques sont alors observables : une respiration rapide, irrégulière ou courte, par exemple, ou une élévation du rythme cardiaque ou de la pression artérielle.

**LES MUSCLES SE FIGENT.** Fait peu connu, les grands muscles du corps, tels ceux des bras et des jambes, deviennent immobiles lorsque vous rêvez, comme sous l'effet d'une paralysie temporaire.

**LES PHASES DE RÊVE ET D'ÉVEIL PEUVENT SE CHEVAUCHER.** En dépit du fait que le rêve et l'éveil correspondent à des états de conscience distincts, la limite entre les deux n'est pas toujours claire et, bien que cela soit assez rare, il arrive qu'ils se chevauchent brièvement. Si un rêve particulièrement intense ou effrayant vous sort accidentellement du sommeil, mais que vous n'êtes pas tout à fait réveillé·e, l'effet peut s'avérer surprenant. Votre esprit peut être à la fois en train de rêver et partiellement éveillé. Vous pouvez remarquer que vous n'arrivez pas à bouger, une sensation que les sujets relatent souvent avec inquiétude. Ne pas pouvoir bouger pendant que l'on rêve est parfaitement normal. La paralysie disparaît quand le rêve se termine ou lorsqu'on est totalement réveillé.

**RÊVES ET SOMNAMBULISME SONT INCOMPATIBLES.** On croit souvent que les somnambules miment leurs rêves. C'est faux. Puisqu'on ne peut pas bouger les bras ni les jambes pendant que l'on rêve, il est impossible de mimer quoi que ce soit. Lors d'un épisode de somnambulisme, le dormeur ne rêve pas, même s'il en garde parfois un souvenir très marquant. Le somnambulisme est un trouble du sommeil qui se manifeste le plus souvent pendant la phase de sommeil profond, c'est-à-dire la troisième et la plus profonde de toutes.

**L'EFFET REBOND.** Si vous perdez ou réduisez votre temps de rêve, ne serait-ce qu'une nuit, à cause d'un manque de sommeil, vous rêverez plus la prochaine fois que vous dormirez, jusqu'à ce que vous ayez rattrapé votre temps de rêve. Cet effet rebond restaure le temps de rêve perdu et met en évidence l'importance du rêve comme phénomène physiologique essentiel.

## LES RÊVES ONT-ILS UNE SIGNIFICATION ?

La question de savoir si les rêves véhiculent des messages ou si notre cerveau les produit de façon aléatoire fait toujours débat. Voici un bref exposé des arguments de chacune des parties.

**LE DÉBAT.** Même si les mystiques ont longtemps considéré les rêves comme des messages de l'âme, les psychologues, eux, n'en sont pas si sûrs. Les chercheurs sont partagés. Certains arrivent à la conclusion que les rêves ont une signification, tandis que d'autres estiment que les rêves sont des images aléatoires, qui ne sont porteuses d'aucune signification et d'aucun message intentionnels. Ce débat n'est pas près de s'achever.

**LE RÊVE COMME UN ÉVÉNEMENT ALÉATOIRE DÉNUÉ DE SIGNIFICATION.** Ceux qui considèrent que les rêves n'ont pas de sens particulier pensent que les images qui constituent nos rêves sont liées à des décharges aléatoires et spontanées des cellules du cerveau (les neurones), comparables à de petites lumières clignotantes, qui s'allument et s'éteignent. Cela ferait partie du processus d'entretien et de maintenance du cerveau. Les tenants de cette théorie, tels que Francis Crick et Graeme Mitchison, suggèrent que les cellules du cerveau postérieur (tronc cérébral inférieur) activent spontanément des cellules situées dans les centres cérébraux supérieurs (cortex), créant ainsi les images que nous appelons des rêves. Selon eux, les rêves n'ont aucune signification : les images que l'on voit pendant notre sommeil sont des événements aléatoires causés par des décharges aléatoires au niveau des cellules du cerveau, qui s'allument et s'éteignent pendant que l'on dort.

**LE RÊVE COMME ÉLÉMENT SIGNIFICATIF.** Ceux qui estiment que les rêves ont bel et bien une signification sont d'accord sur un point avec les tenants de la thèse adverse : les cellules du cerveau produisent des décharges spontanées. Cependant, ils considèrent que cet aspect n'est pas pertinent. Au lieu de se concentrer sur les cellules du cerveau, ils estiment que ce dernier dispose d'une sorte de logiciel intégré (les mécanismes neuronaux) lui permettant de traiter la pensée, les sentiments et les expériences. C'est ce logiciel neuronal qui opère lorsqu'on rêve.

Ces psychologues soulignent que le cerveau met en œuvre d'autres processus similaires destinés à traiter l'information, comme la capacité des enfants à s'approprier des modèles linguistiques complexes. Parmi ces modèles, le linguiste Noam Chomsky fait une distinction entre les structures « profondes » et celles « de surface ». Ce sont des modèles linguistiques et grammaticaux complexes que les enfants absorbent sans qu'on les aide, quelle que soit leur langue. D'après Chomsky, cette capacité suggère l'existence dans le cerveau d'un dispositif intégré dédié à l'apprentissage du langage. Les théoriciens qui soutiennent que les rêves ont un sens présument que ces derniers sont liés à des dispositifs similaires.

Ramon Greenberg et Milton Kramer sont arrivés à la conclusion que les rêves avaient une signification en s'appuyant sur des études suggérant que le rêve jouait un rôle dans le maintien de l'équilibre émotionnel et psychologique. Leurs recherches sur les rêves et le sommeil de vétérans traumatisés par la guerre et de personnes souffrant de troubles émotionnels indiquent que le rêve est essentiel au rétablissement de la stabilité émotionnelle. Elles ont révélé que les scénarios des rêves faisaient référence à des événements réels de la vie du rêveur, ainsi qu'à ses besoins véritables. C'est ce qui a mené les deux chercheurs à conclure, indépendamment l'un de l'autre, que les rêves avaient une signification.

**LES RÊVES TRANSMETTENT-ILS UN MESSAGE ?** Les rêves véhiculent-ils des idées destinées au dormeur ? En dehors des débats et des hypothèses scientifiques, de nombreux sites web rapportent les expériences personnelles de personnes ayant perçu des messages dans leurs rêves. Qu'importent les conclusions ou les spéculations scientifiques, les passionnés ne cesseront jamais d'analyser leurs rêves.

2

# RÊVER ET COMPRENDRE SES RÊVES

Apprendre à analyser les rêves, c'est un peu comme apprendre à conduire une voiture. Appliquer la Technique des rêves en cinq étapes (détaillée dans les chapitres suivants) pour analyser les rêves équivaut à savoir manœuvrer : allumer le moteur et utiliser le volant, l'accélérateur et les freins. Une fois que vous êtes à l'aise avec le véhicule, vous vous intéressez aux réglementations, vous apprenez à changer l'huile, équilibrer la pression des pneus, etc. Ce qui suit correspond à quelques-unes de ces réglementations, enrichies de quelques astuces sur l'analyse des rêves. Certains conseils pourraient même vous aider à donner plus de relief à ce trek onirique, en cherchant à repérer les rêves sur l'avenir, par exemple.

## RÊVES ET PES

L'idée que les rêves puissent donner lieu à des PES (perceptions extrasensorielles) fascine la plupart des gens et pose la question suivante :

les rêves peuvent-ils prédire l'avenir ? L'expérience semble indiquer que oui. Pour certains, cette affirmation s'apparente à du mysticisme ou à un obscur charabia, mais quelques chanceux, en rêvant de l'avenir, sont effectivement catapultés vers un univers de « l'au-delà ». Cela dit, il y a aussi des manières parfaitement logiques d'entrevoir l'avenir en rêves. Voici plusieurs cas où des PES peuvent se manifester dans les rêves.

**CAS N° 1 : L'EXPLICATION NON MYSTÉRIEUSE DES PES DANS LES RÊVES.** D'après mon expérience, la plupart des rêves en lien avec l'avenir correspondent à la « réponse la plus probable » à une question ou à une décision qui vous occupe l'esprit. Comme l'avenir dépend des décisions du présent, on peut considérer que les PES dans les rêves découlent de la capacité de vos rêves à révéler la voie vers laquelle vous êtes en train de vous orienter. Supposons par exemple que vous lanciez une balle du haut d'une colline. On devine facilement que la balle finira par rencontrer un buisson, rebondir sur un rocher ou tomber dans l'eau. De la même manière, votre psyché, la partie de votre esprit consciente de toutes vos décisions, se tient en haut de la colline et tente de deviner quelle direction prennent vos décisions. Ce qui lui semble le plus probable sera avéré si et seulement si vous poursuivez sur la même voie.

**CAS N° 2 : LE DESTIN ET LA MAIN DE DIEU.** Un type moins courant de rêve avec PES vient de l'âme ou de la main de Dieu. Cette forme de rêve a de quoi faire frissonner et défie la logique, car elle prédit des événements imprévus. Joseph B. Rhine, chercheur moderne en phénomènes paranormaux, en a décrit un exemple célèbre. Il a rapporté un cas s'étant produit dans un village minier au pays de Galles. Plusieurs enfants avaient rêvé que leur école s'effondrait sous une avalanche, et c'est ce qui arriva quelques jours plus tard.

**CAS N° 3 : VOUS RÊVEZ DE FAÇON PRÉMONITOIRE DE TOUT CE QUI COMPTE À VOS YEUX.** Dans la même veine, le célèbre mystique de Virginia Beach, Edgar Cayce affirmait que l'on rêve de façon prémonitoire de toutes les choses importantes qui nous arrivent. Ce type de rêve relatif à l'avenir tel que votre âme le dépeint est parfaitement illustré par cette citation d'Hamlet dans la pièce éponyme de Shakespeare : « Il y a plus de choses au ciel et sur la terre, Horatio, que n'en peut rêver votre philosophie[2] ». Certaines choses dépassent encore notre entendement.

## ASTUCES ET FAITS INSOLITES

À l'instar du GPS de votre voiture, ces faits et astuces peuvent vous aider à partir dans la bonne direction, afin de vraiment tirer profit de votre analyse des rêves.

### Astuce 1 : les rêves sont imagés parce que le cerveau fonctionne ainsi

Les rêves se présentent sous forme d'images parce que notre cerveau est conçu pour mémoriser les choses de façon visuelle. Le cerveau emmagasine une grande partie de l'information (les pensées, les souvenirs et les expériences) sous forme d'images reliées aux pensées et aux sentiments,

2 William. Shakespeare, *Hamlet*, I, 1, v. 42, in *Œuvres complètes*, *Tragédies I*, traduction de Jean-Michel Déprats, Gallimard, « Bibliothèque de la Pléiade », Paris, 2002, p. 680.

qui deviennent alors des images mentales pour l'esprit. C'est pourquoi le cerveau s'exprime par le biais d'images visuelles. C'est aussi pour cela que, dans les livres d'entraînement cérébral, on vous demande d'associer les mots ou les noms que vous voulez retenir à des images, afin de mieux les mémoriser. Tout ce qui touche la mémoire et le cerveau repose avant tout sur les images.

## Astuce 2 : tous les rêves ont un sens

Tous les rêves contiennent un message, et chaque image rêvée possède une signification. Certains de ces messages sont relatifs à vos émotions tandis que d'autres concernent plutôt vos pensées, vos attitudes ou vos actions. Citons l'exemple d'un homme qui fait un rêve composé d'une seule image, celle d'une grande roue en bois. Au début, il n'y accorde aucun sens, mais il se souvient ensuite que, quand il était enfant, il y avait une roue de calèche dans la ferme familiale. Après le décès de sa mère, il s'est souvent assis à côté de cette roue pour pleurer sa perte. Cette image rêvée lui fait comprendre qu'il ne s'est pas tout à fait remis de la récente disparition d'un de ses meilleurs amis. Elle lui indique qu'il doit prendre le temps de faire son deuil, comme il l'a fait pour sa mère, à côté de la roue.

## Astuce 3 : tout le monde rêve

Les personnes qui disent ne pas se souvenir de leurs rêves se demandent souvent si elles rêvent. Les recherches confirment que tout le monde fait des rêves. En fait, que l'on s'en souvienne ou pas, on rêve environ quatre à six fois par nuit. Rêver et se souvenir de ses rêves sont deux choses différentes.

## Astuce 4 : les messages des rêves peuvent provenir de différentes sources

1. VOTRE ESPRIT. La plupart des rêves sont des messages de votre psyché, la partie intérieure de vous-même consciente de toutes vos expériences, vos objectifs et vos souvenirs. La psyché (votre moi intérieur) fait office de pont entre votre moi éveillé et votre moi endormi, et se sert des rêves pour vous guider et vous aider à devenir la meilleure version de vous-même.

2. L'ÂME ET L'AU-DELÀ. Certains messages oniriques proviennent de l'âme. Vous avez beau être le capitaine du navire, votre âme en est le propriétaire, et elle a parfois son mot à dire sur la voie que vous empruntez. En parlant d'au-delà, beaucoup de personnes croient que les anges gardiens viennent chuchoter à notre oreille par l'intermédiaire des rêves, et que, parfois même, nos rêves peuvent nous offrir des instants de grâce absolue, d'apaisement ou d'inspiration divins.

3. LES ÊTRES CHERS DISPARUS. Certaines personnes pensent que la vie se poursuit après la mort et que les rêves peuvent nous remettre en contact avec un être aimé décédé. Quelques expériences portent à croire que les êtres chers disparus rendent parfois visite aux vivants pour leur dire qu'ils les aiment (voir Chapitre 11, « Tous les rêves n'en sont pas »).

## Astuce 5 : analyser les rêves, c'est facile !

On croit souvent à tort qu'apprendre à comprendre les messages véhiculés par un rêve est difficile. Pourtant, ce n'est pas plus compliqué qu'apprendre à conduire. L'analyse des rêves consiste à comprendre le langage composé de symboles et de métaphores, et à suivre quelques principes de base.

**1. ÉTUDIEZ LES BASES.** Familiarisez-vous avec les bases de l'interprétation des rêves selon la Technique des rêves en cinq étapes, développée dans les chapitres suivants. Une fois que vous aurez réussi à décrypter une dizaine de rêves, vous serez apte à déchiffrer d'incroyables messages oniriques pour le restant de vos jours.

**2. CHERCHEZ L'INSTANT « AHA ! ».** Quand la signification d'un rêve devient évidente, cela suscite une montée d'énergie où l'on s'exclame « Aha ! » et qui traduit un changement de perception majeur. Comprendre le message contenu dans un rêve procure de la satisfaction, comme lorsqu'on pose la dernière pièce d'un puzzle.

**3. ATTENTION AUX PRÉJUGÉS.** Il y a pour chacun de nous des sujets qui déclenchent de vives réactions émotionnelles. C'est pourquoi il est important d'aborder chaque rêve sans idée préconçue, libéré·e de toute réaction. Si le sujet d'un rêve est trop poignant, prenez un peu de recul afin de ne pas biaiser votre interprétation en y plaquant vos propres souhaits. Vos réactions initiales peuvent vous mettre sur la mauvaise voie. Il faut donc avoir la tête froide pour interpréter correctement un rêve.

**4. HALTE À LA PRÉCIPITATION.** Lorsque vous vous réveillez avec un rêve en tête, l'excitation est telle que vous pouvez être tenté·e de croire que vous savez déjà ce qu'il signifie. Ne prenez pas cela pour argent comptant et faites comme si vous ne saviez pas ce que signifie ce rêve, du moins, pas encore. En appliquant les techniques d'analyse de votre choix, vous pourriez bien changer de point de vue et arriver à une conclusion différente de votre idée de départ.

**5. LE POIDS DES MOTS.** Faites attention aux mots que vous employez pour consigner votre rêve. Les mots qui nous viennent à l'esprit altèrent souvent la façon dont on considère le rêve en lui-même et modifient notre perception. Le choix des mots est un autre phénomène par lequel notre esprit créatif, inconscient nous laisse entrevoir la signification du rêve.

**6. LES SYMBOLES NE FONT PAS TOUT.** Une erreur courante consiste à se concentrer uniquement sur la signification d'un symbole et à tenter de deviner la signification d'un rêve à partir des symboles, ou à s'intéresser en priorité aux symboles. Même si ces derniers donnent de la profondeur au message, ils ne doivent pas accaparer votre attention. Il y a des rêves dont le message réside entièrement dans les symboles, mais en général, c'est l'histoire dans son ensemble qui permet de comprendre la signification d'un rêve.

**7. VOUS POUVEZ LE FAIRE.** En dépit de ces avertissements, vous n'avez aucune crainte à avoir. Analyser des rêves est aussi simple que conduire une voiture. Une fois que vous saurez allumer le moteur et que vous maîtriserez le code de la route, plus rien ne pourra vous arrêter !

**8. LE RÊVE COMME UN VÉHICULE DE LUXE.** Ayant toujours prêté attention à mes rêves, j'ai l'impression que ceux qui n'analysent pas leurs rêves passent leur vie à pédaler alors qu'ils pourraient s'offrir une fantastique Rolls-Royce spirituelle – les messages délivrés par nos rêves –, qui pourrait les amener partout où ils veulent plus rapidement, avec moins de dangers et à l'allure de leur choix.

## Astuce 6 : les rêves effrayants sont des messages constructifs

Même s'ils vous secouent, les cauchemars contiennent généralement un message utile. Le plus souvent, ils vous invitent à amender un de vos traits de caractère. En général, étant donné que les gens n'aiment pas qu'on leur rappelle leurs propres défauts, ils repoussent les rêves où ils ont l'impression d'être sur le banc des accusés. Quand le rêveur tente de réprimer ce rêve, sa conscience embrumée « masque » en quelque sorte son contenu. C'est ainsi que, telle une forme au loin, dans les ténèbres, une image agréable prend des apparences effrayantes. Regarder un rêve mettant en scène un défaut personnel peut être comparable au fait de rencontrer un ennemi dans une forêt sombre, profonde et déserte. C'est un faux pas qui effraie l'ego fragile, qui répond alors : « Qui ? Moi ? » Alors qu'il arrive à de rares occasions qu'un cauchemar s'avère être une véritable PES (perception extrasensorielle) de mise en garde, la plupart des rêves effrayants sont des messages déformés mais utiles, à propos de nos propres défauts.

## Astuce 7 : les rêves vous aident à résoudre vos problèmes

Les rêves peuvent vous aider à prendre des décisions, clarifier des questions et surmonter les difficultés du quotidien. C'est une de leurs principales fonctions. En fait, l'expérience montre que l'esprit endormi a pour vocation de vous aider à défaire les nœuds dont vous tentez de vous libérer. Pendant que vous dormez, votre esprit lance une recherche, comme sur un moteur de recherche, enquête sur la source de vos tracas, compare le problème aux expériences passées et présentes qu'il a stockées, puis élabore une piste de réflexion ou une solution. Prendre le temps de se connecter à cette session de « remue-méninges automatique » nocturne peut s'avérer extrêmement productif dans un grand nombre de domaines.

## Astuce 8 : les messages oniriques sont des métaphores

Les rêves ont souvent recours à l'exagération, et les scènes oniriques sont rarement à prendre au pied de la lettre. Ce sont des métaphores. C'est un point qu'il faut garder à l'esprit. Par exemple, une scène montrant une avalanche sur le point d'ensevelir votre maison a de quoi faire peur, mais à moins que vous habitiez sur un flanc de montagne propice aux avalanches, ce n'est qu'une métaphore désignant quelque chose qui menace votre sécurité, qui fait fausse route ou que vous ne contrôlez pas. Les scènes positives aussi sont des métaphores. Un rêve où vous gagnez au loto indique que vous remportez le gros lot, mais votre gain réel n'est sûrement pas financier. Il peut s'agir d'une promotion au travail, d'une nouvelle relation ou de la reconnaissance d'un talent.

## Astuce 9 : les dictionnaires de rêves ne peuvent pas vous donner la signification d'un rêve

Au mieux, un bon dictionnaire de rêves pourra vous donner une idée de ce à quoi peut faire référence un symbole, mais il ne pourra pas vous donner sa signification dans le contexte du rêve que vous tentez d'interpréter. Les dictionnaires de rêves proposent des images taillées à l'emporte-pièce. À l'inverse, l'aspect le plus appréciable du symbole onirique est qu'il constitue un vecteur de communication unique, spécialement conçu pour vous et qui, la plupart du temps, ne peut s'appliquer à personne d'autre.

### Astuce 10 : personne n'interprète vos rêves mieux que vous

Une fois que vous aurez acquis les bases et un minimum d'expérience, vous serez le ou la meilleur·e interprète de vos propres rêves, tout simplement parce que vos rêves parlent de vous et de votre vie. Et puisque personne ne connaît mieux que vous les aspects de votre vie dont parlent vos rêves, vous êtes le·la mieux placé·e pour les interpréter.

### Astuce 11 : que faire des rêves énigmatiques ?

Chaque effort que vous ferez pour comprendre un rêve étrange, dont vous parviendrez à dégager le sens, vous permettra d'être plus à l'aise pour interpréter le suivant. Cependant, quand vous tombez sur un rêve vraiment intrigant, plusieurs options s'offrent à vous.

1. Patientez et réessayez quelques heures ou quelques jours plus tard.
2. Parlez-en à un·e ami·e ; parfois, les commentaires d'une tierce personne attentive et bienveillante peuvent élargir votre point de vue.
3. Cherchez des exemples de rêves sur des sites spécialisés comme InterpretADream.com, consultez des livres sur les rêves ou lancez un sondage sur Internet sur des sujets de rêves précis.

## POURQUOI TENIR UN JOURNAL DES RÊVES

Si vous le faites dès le réveil, consigner vos rêves deviendra une habitude. Que vous les notiez sur ordinateur ou sur un cahier, conserver une trace de vos rêves présente plusieurs avantages.

## Pourquoi consigner votre rêve vous aide à comprendre le message

1. VOUS VERROUILLEZ LE MESSAGE. En notant votre rêve, vous verrouillez son message. Sinon, il y a de grandes chances que vous oubliiez ce rêve et que vous perdiez toute trace de ce qu'il tentait de vous dire. Si vous manquez de temps, notez des phrases-clés, que vous pourrez développer ultérieurement.

2. VOUS RESTEZ EN CONTACT AVEC VOTRE PSYCHÉ. Consigner un rêve permet de s'assurer que les messages continueront d'arriver. La communication onirique revient à converser avec un ami, qui n'est autre que votre psyché. Si vous ne répondez pas aux appels ou aux e-mails de votre ami, il cesse de vous contacter.

3. VOUS PERCEVEZ LES MOTIFS-CLÉS. Le journal des rêves vous permet de repérer les éléments récurrents liés à vos difficultés émotionnelles, vos décisions, vos relations et la quête de votre voie.

4. VOUS DÉCELEZ LES MISES EN GARDE OU LES ALERTES POSITIVES. On dit que toutes les choses importantes qui nous arrivent sont annoncées dans nos rêves. Qu'il s'agisse d'un avertissement de santé ou d'une promotion imminente, consigner régulièrement vos rêves équivaut à garder une lampe torche allumée sur les chemins obscurs de la vie. Cela peut mettre l'inconnu en lumière.

5. CELA FACILITE LE SUIVI DE VOS PROGRÈS PSYCHOLOGIQUES. Les rêves révèlent des éléments récurrents de votre santé psychologique et émotionnelle. Chaque fois que vous remarquez un de ces éléments dans votre journal des rêves, vous vous donnez les moyens de progresser

encore plus. Être à l'écoute de ces éléments récurrents par l'intermédiaire des rêves peut avoir un net impact sur votre niveau de réussite, de paix intérieure et de bonheur.

**6. VOTRE JOURNAL DES RÊVES PEUT ÊTRE VOTRE JOURNAL SPIRITUEL.** Si vous accordez une place importante à la spiritualité, votre journal des rêves peut devenir le reflet de votre vie intérieure. Pour les personnes attentives à leur progression spirituelle, les rêves peuvent servir de lien avec l'âme. De nombreuses traditions considèrent les rêves comme un précieux pont spirituel et comme une porte vers la guérison et vers les grâces divines. Les rêves spirituels sont des messages relatifs au cheminement de votre âme et peuvent répondre aux grandes questions de la vie.

**7. LE JOURNAL DES RÊVES PEUT ÊTRE THÉRAPEUTIQUE.** Besoin d'un thérapeute ? L'une des fonctions-clés du rêve est celle de conseiller intégré. L'acte de rêver peut en soi et par soi vous aider à vous libérer du stress et à maintenir votre équilibre émotionnel. En même temps, les rêves dévoilent souvent des vérités grâce à l'aide habile d'un conseiller aimant. Il arrive aussi que des images discordantes émergent, pour vous alerter lorsque vous commencez à perdre le cap émotionnellement. Tenir un journal des rêves peut avoir l'effet d'une thérapie instantanée.

## Relisez votre journal

**1. C'EST LE MOYEN LE PLUS RAPIDE DE REPÉRER LES IDÉES ET LES SOLUTIONS.** Chaque fois que vous réexaminez les messages oniriques passés, vos rêves deviennent plus clairs. Cela est comparable au fait d'apprendre à connaître un nouvel ami. Avec le temps, vous vous comprenez de mieux en mieux et vous devenez d'une plus grande aide l'un pour l'autre. Quand vous passez vos rêves en revue, votre psyché peut se mettre à élaborer de manière accélérée de nouvelles idées ou solutions originales. Relire les idées consignées dans votre journal des rêves peut s'avérer particulièrement intéressant pour les personnes dont le métier implique de résoudre des problèmes.

**2. CELA VOUS AIDE À POSER UN REGARD NEUF SUR VOS RÊVES.** Relire vos rêves plusieurs mois voire plusieurs années plus tard revient à faire un inventaire de votre vie et de qui vous êtes. Cela vous permet de vous situer dans votre évolution. Vous dégagerez peut-être des motifs émotionnels que vous n'aviez pas remarqués et déchiffrerez des rêves dont le sens vous avait échappé à l'époque. En portant un regard neuf sur ces rêves, vous percevrez le sens plus profond de certains d'entre eux et ferez de nouvelles découvertes sur vous-même et sur votre vie. L'exploration de votre journal des rêves peut faire apparaître les fils magiques qui sous-tendent l'histoire de votre vie.

## Que mettre dans son journal

Le but ultime n'est pas de consigner vos rêves, mais de comprendre le message qu'ils renferment et de l'appliquer. Il sera utile d'inclure les informations suivantes pour améliorer votre capacité d'analyse.

**LA DATE.** Écrivez la date. Un jour, lorsque vous relirez votre journal, cet élément sera intéressant.

**LE TITRE.** Donnez à chacun de vos rêves un titre distinct mettant en valeur son impact principal.

**LES DÉTAILS.** Consignez tous les détails, même ceux qui vous semblent insignifiants ou répétitifs. Ils pourraient finir par s'avérer très utiles.

**LE RÉCIT EN DIRECT.** Écrivez votre rêve au présent, comme si vous le reviviez. Cela vous aidera à vous rappeler des détails supplémentaires ou de compléter une scène que vous aviez oubliée.

**LES SENTIMENTS.** Notez ce que vous avez ressenti pendant le rêve. L'humeur qu'un rêve suscite en vous peut vous aider à en saisir le sens.

**LE RÉSUMÉ.** Faites immédiatement un bref exposé de votre rêve, une sorte de bande-annonce expliquant de quoi il parle. Ce résumé doit capturer l'essence de votre rêve, comme la première impression qu'il a laissée.

**LE CONTEXTE.** Ajoutez quelques notes sur votre vie. Posez-vous toujours la question suivante : « À quel aspect de ma personne ou de ma vie ce rêve fait-il référence ? » Il vous faudra peut-être une ou deux semaines pour enfin avoir la révélation, mais si vous perdez le fil de ce qui se passait dans votre vie à l'époque où vous avez fait le rêve en question, vous aurez plus de mal à en saisir le message. Notez brièvement :

- à quoi vous pensiez en allant vous coucher ;
- les sentiments forts que vous avez ressentis ;
- les principaux problèmes rencontrés pendant la journée, la semaine ou cette période ;
- les décisions majeures que vous devez prendre ;
- les difficultés, les crises ou les tourments que vous traversez sur le plan relationnel ou autre.

## COMMENT SE SOUVENIR DE SES RÊVES

Si vous avez du mal à vous souvenir de vos rêves ou si vous souhaitez vous rappeler plus de choses, essayez ces astuces.

**1. DORMEZ SUFFISAMMENT.** On a plus de mal à se souvenir de ses rêves quand on est fatigué. Si nécessaire, rattrapez votre temps de sommeil le week-end.

**2. PRATIQUEZ L'AUTOSUGGESTION.** Si vous débutez ou si vous avez du mal à vous rappeler vos rêves, dites-vous de manière détendue, avant de vous endormir, que vous vous souviendrez de vos rêves. Cette autosuggestion préalable au sommeil indique à votre psyché que vous êtes ouvert·e à la communication. Cependant, si cela provoque de la crainte ou un sentiment trop intense, peut-être n'êtes-vous pas tout à fait prêt·e à analyser vos rêves, même s'ils renferment des messages positifs et utiles. Rien ne presse.

**3. AYEZ LE SENS PRATIQUE.** Gardez du papier et un crayon à portée de main. Si vous n'avez pas le temps de consigner le rêve dans son intégralité, notez les éléments essentiels et complétez vos notes plus tard.

**4. ÉCRIVEZ QUELQUE CHOSE.** Au début, si vous ne vous souvenez plus d'un rêve, notez vos sentiments, vos idées ou les nouvelles pensées qui vous occupent l'esprit au réveil. Ils découlent peut-être du message que contenait votre rêve et le fait de les noter peut vous aider à vous souvenir de vos futurs rêves.

**5. SOYEZ MOTIVÉ·E.** Ayez l'envie de vous souvenir de vos rêves. Votre psyché a besoin de savoir que vous êtes prêt·e à entendre ses messages, et votre enthousiasme permettra d'enclencher le processus.

**6. RESTEZ DÉTENDU•E ET TROUVEZ LE TEMPS DE SOUFFLER.** Si vous n'avez encore jamais travaillé sur vos rêves, prenez chaque jour quelques minutes pour vous isoler, au calme, et forger la voie qui mène à votre psyché. Tout ce qui vous permet de vous couper de l'effervescence du quotidien va dans ce sens. Un court moment de méditation, de la musique, une balade dans la nature ou un passe-temps créatif peuvent vous aider à synchroniser votre moi intérieur et votre moi extérieur.

**7. APPLIQUEZ LES ENSEIGNEMENTS.** Une fois que vous avez mis le doigt sur le message contenu par votre rêve, mettez en application ce que vous avez pu en tirer. Ces messages, tels les conseils d'un ami, continueront de vous parvenir en rêve à la condition que vous les écoutiez.

## CE QUI PEUT INTERFÉRER AVEC LA MÉMOIRE DES RÊVES

Voici une liste de facteurs pouvant expliquer les difficultés que l'on peut avoir à se souvenir de ses rêves.

**1. LE MANQUE D'INTÉRÊT.** Si certains n'arrivent pas à se souvenir de leurs rêves, c'est souvent parce qu'ils n'y accordent que peu d'intérêt. Lorsqu'on a vraiment envie de savoir ce que nos rêves cherchent à nous dire, on a tendance à beaucoup mieux s'en souvenir.

**2. LA MÉDICATION ET LES ÉTATS SECONDS.** L'alcool, certaines prescriptions médicales et la drogue peuvent interférer avec la mémoire des rêves. Cela inclut les somnifères, en vente libre ou sur ordonnance.

**3. LA DOULEUR INTENSE.** Les personnes confrontées à une douleur intense ou à la perte d'un proche peuvent parfois refermer la porte sur leurs émotions. Cela peut, dans certains cas, provoquer une perte de la mémoire des rêves. Une fois la douleur passée, elles peuvent se remettre à se souvenir de leurs rêves.

**4. LE STRESS POST-TRAUMATIQUE.** Les traumatismes, tels que la guerre ou les catastrophes naturelles ayant causé la mort ou la destruction, peuvent engendrer un trouble médical appelé « stress post-traumatique ». Chez certains, le traumatisme déclenche des cauchemars sur le long terme et peut les empêcher de se souvenir de leurs rêves, en dehors des cauchemars où se rejoue la catastrophe. Les cauchemars traumatiques sont plus intenses et se distinguent des cauchemars classiques sur les plans physiologique et psychologique. Une fois le traumatisme résolu, la personne peut retrouver des rêves normaux et des cycles de sommeil naturels, et se souvenir à nouveau de ses rêves.

## LA TECHNIQUE DES RÊVES EN CINQ ÉTAPES

### Cinq minutes suffisent pour analyser un rêve

Abordons à présent une méthode rapide en cinq étapes pour analyser ses rêves. Ceci n'est qu'un aperçu. Chacune des étapes est détaillée dans les chapitres 3 à 7.

Découvrir la signification des rêves est aussi simple qu'apprendre à faire du vélo. Entraînez-vous à appliquer ces cinq étapes à une douzaine de rêves et vous serez paré·e pour analyser le contenu de vos rêves pour le restant de vos jours. Une fois que vous aurez pris le rythme, vous pourrez commencer à saisir le sens de plusieurs rêves en cinq minutes.

## Étape 1 : les émotions

Notez les sentiments que vous avez ressentis pendant le rêve et à votre réveil. La réaction émotionnelle suscitée par votre rêve est le premier indice qui vous aidera à le comprendre. C'est même parfois le plus important. Par exemple, si vous vous voyez étendu·e dans un cercueil mais que vous vous réveillez de bonne humeur, ce rêve n'est sûrement pas une prédiction de votre mort prochaine.

## Étape 2 : le canevas

Élaborer le canevas consiste à reformuler le rêve, *sans* en réutiliser directement les détails. Ce n'est *pas* un résumé. Le résumé se contente d'extraire les idées centrales en employant les mêmes termes que l'histoire de départ. Pour le canevas, vous retenez uniquement l'action principale et le résultat final, *sans* reprendre les mots d'origine, que vous remplacez par des termes génériques comme « quelqu'un » ou « quelque chose ». Si vous vous sentez perdu·e, l'exemple suivant vous aidera à y voir plus clair. Cette étape peut demander un peu de pratique, mais cela en vaut vraiment la peine, car elle est souvent décisive pour mettre au jour la signification d'un rêve.

PAR EXEMPLE, un jeune homme rêve qu'il essaie d'attraper une luciole un soir d'été. Il a beau gesticuler, il rate sa cible à chaque fois ; les lucioles lui échappent sans cesse. Frustré, il se laisse tomber dans l'herbe puis s'assied calmement. Tandis qu'il se détend, une luciole s'approche et il l'attrape délicatement.

LE CANEVAS : « L'agitation frénétique ne sert à rien, mais quelqu'un parvient à ses fins une fois calmé. » Ou encore : « Une personne obtient ce qu'elle veut en restant calme et en laissant les choses venir à elle. » Ces deux canevas vont à l'essentiel, sans mentionner directement les lucioles, le jeune homme, ni le fait qu'il s'assied dans l'herbe. Comme une silhouette, le canevas ignore les détails pour se concentrer sur les principes généraux de l'histoire et les résultats. Cela permet de faire ressortir le plus important.

## Étape 3 : associer le canevas à un aspect de votre vie

Comme toujours, la question n'est pas « Que signifie ce rêve ? », mais « À quel aspect de ma vie (actions, décisions, relations) ou de ma personne (personnalité, attitudes, émotions) fait-il référence ? ». De la même façon que vous poseriez une pièce sur le grand puzzle de votre vie, déterminez ce qui, chez vous ou dans votre vie, rappelle le canevas du rêve. Considérez le canevas que vous venez de bâtir comme une flèche pointant vers une situation, un trait ou une attitude.

Vous pouvez transformer le canevas en question. Cela peut vous aider à voir dans quelle direction pointe la flèche. Par exemple, dans le rêve du jeune homme et des lucioles, le rêveur pourrait se demander : « Y a-t-il un aspect de ma vie où je m'agite pour rien ? » Ou : « Quel problème pourrais-je résoudre en gardant mon calme au lieu d'insister ? » Cette association provoque souvent le déclic.

## Étape 4 : les symboles

Le cerveau est conçu pour conserver une trace visuelle de nos souvenirs, de nos pensées et des événements. Ainsi, la plupart de nos souvenirs sont « des images liées à des sentiments ». C'est important de le noter.

Comme le cerveau stocke les souvenirs sous forme d'images, il n'y a rien d'étonnant à ce que les rêves, qui sont les sous-produits de notre esprit, utilisent également des images pour transmettre leur message.

Les symboles oniriques sont des images qui font référence et sont «liées» à des souvenirs et des expériences, comme une cérémonie de remise des diplômes, un bouquet de fleurs offert ou un échange particulier avec l'être aimé. Comme le symbole onirique est émotionnellement lié au passé, il laisse une empreinte émotionnelle et peut être très parlant. C'est pourquoi, quand on explore un symbole onirique tel qu'une fleur ou un bijou, il faut le faire de deux façons. Tout d'abord, voyez le sentiment que cette image provoque en vous, puis cherchez les expériences passées auxquelles ce symbole fait référence dans votre vie. Cette approche en deux temps – sentiments, puis expériences – revient à ce que l'on appelle « explorer ses associations ». Vous examinez les émotions liées au symbole, puis le lieu, le moment et la façon dont cette image ou cette scène vous a affecté·e. Comme le Petit Poucet semant des miettes de pain derrière lui dans la forêt, vous pourrez trouver la signification des symboles en remontant la piste de ces associations.

Par exemple, vous voyez en rêve une voiture de sport rouge et cela vous remplit de joie. Plus tard, vous vous souvenez que lorsque vous avez obtenu votre diplôme universitaire, vous rêviez de gravir tous les échelons de l'entreprise et de conduire une voiture de sport. Dans ce cas, vos sentiments et vos souvenirs de voiture de sport rouge font référence aux motivations que vous aviez en début de carrière, et le message est une invitation à faire le point, pour voir si vous avez atteint vos objectifs.

## Étape 5 : la signification du rêve

Vous avez pris note de vos sentiments (étape 1), bâti un canevas que vous avez associé à une situation réelle (étapes 2 et 3) et observé le lien entre les principaux symboles du rêve et votre expérience personnelle (étape 4). Une fois arrivé·e à cette étape, ou même avant cela, la révélation se produit et le message devient clair. Encore faut-il appliquer le conseil prodigué. Un rêve n'est utile que si l'on applique l'idée qu'il renferme. L'étape 5 consiste à appliquer ce que dit le rêve dans la vraie vie. Qu'il vous invite à changer d'attitude, à étudier d'autres options de carrière ou qu'il vous félicite pour vos accomplissements, exploiter ce message, c'est se construire une maison solide, brique par brique. Cela peut vous aider progressivement à réaliser pleinement votre potentiel et augmente vos chances de connaître la réussite, la paix intérieure et le bonheur.

3

# LES ÉMOTIONS, SIGNAUX D'ALERTE ONIRIQUES

Les émotions sont la musique de vos rêves. Tout le monde n'est pas mélomane, mais chacun sait si une chanson ou un morceau lui plaît ou pas. Un bon morceau de musique peut altérer vos sentiments, inspirer la nostalgie ou ouvrir une plaie que vous aviez oubliée. De la même manière, quand une musique ne vous touche pas, elle fait l'effet d'une explosion de sons discordants, qui peut vous hérisser ou vous rebuter. Les émotions sont la musique de vos rêves. Qu'ils vous réjouissent ou qu'ils vous inspirent de l'aversion, votre réaction fait partie du message qu'ils transmettent. Les émotions ressenties *pendant* le rêve sont importantes, mais celles qui se manifestent *à votre réveil* sont également significatives. Vous étiez triste en vous couchant et vous vous êtes réveillé·e comme sur un petit nuage et d'excellente humeur, après avoir fait un rêve ? Votre rêve vous a-t-il soudainement extirpé·e du sommeil ? Tout cela fait partie de la musique émotionnelle des rêves, comme l'explique ce chapitre.

## ÉTAPE 1 : L'EXAMEN DES ÉMOTIONS

**LES MESSAGES ÉMOTIONNELS ET ONIRIQUES.** D'après l'étape 1 de la Technique des rêves, ce que l'on ressent *pendant* un rêve et le sentiment que nous laisse ce rêve *au réveil* sont les premiers indices révélateurs de sa signification. Si vous rêvez qu'un énorme lion pénètre dans votre jardin, puis s'allonge, se montre amical, et que vous trouvez cette vision plaisante et non terrifiante, c'est que ce rêve ne parle pas d'une mise en danger. Ou alors, supposez que vous rêvez que votre partenaire est avec vous dans la cuisine, puis se met en colère et casse une assiette, tandis que vous continuez placidement à faire la vaisselle. Ce rêve fait peut-être allusion aux élans de colère qui se sont manifestés lors d'un réel désaccord avec votre partenaire, mais votre attitude posée dans le rêve indique que vous pourrez résoudre cette situation en gardant votre calme.

**LES ÉMOTIONS FORTES RESSENTIES EN RÊVE ATTIRENT VOTRE ATTENTION.** Certaines scènes oniriques ont un fort impact émotionnel, et cela sert à vous alerter sur un sujet qui mérite votre attention. Une scène où l'on échappe de peu à la noyade peut indiquer que l'on se sent débordé ; un enfant qui fait un caprice peut pointer du doigt un comportement puéril ou une situation qui devient incontrôlable ; une explosion peut faire référence à une relation ou une situation explosive. Quand un rêve génère des métaphores très chargées émotionnellement, la vive réaction que cela provoque en vous est un signal d'alerte qui montre que le message est important.

**LA RÉACTION QUE PROVOQUE LE RÊVE PEUT DÉCLENCHER UN CHANGEMENT.** Supposez que vous faites un rêve qui vous bouleverse, et que ce sentiment persiste pendant des heures, voire des jours. Même si cela n'a rien d'enviable, il arrive qu'un rêve « crée » délibérément un émoi, pour vous encourager à changer quelque chose. Les réactions intenses qui vous déstabilisent émotionnellement peuvent vous inciter à modifier une attitude ou à adopter un point de vue nouveau. Par exemple, un étudiant peu studieux rêve qu'il rate ses examens et qu'il n'obtient pas son diplôme. Ce rêve peut lui paraître tellement réel que l'angoisse le pousse à travailler plus sérieusement. Ou alors, un homme occupant un emploi sans débouché rêve que tout le monde décroche une promotion, sauf lui. Le malaise évoqué par ce rêve le pousse à chercher comment faire évoluer sa carrière.

**EXEMPLE 1 DE RÊVE À FORTE CHARGE ÉMOTIONNELLE : AVOIR DES RELATIONS SEXUELLES AVEC UNE PERSONNE QUE VOUS NE SUPPORTEZ PAS.** Rêver que l'on a des relations sexuelles avec une personne que l'on déteste est très courant. Une femme rêve qu'elle couche avec son patron, qu'elle ne supporte pas, mais la passion qu'elle ressent en rêve semble étonnamment vraie et intense. Elle se réveille déroutée, consciente que son patron l'insupporte mais trouvant difficile de haïr quelqu'un avec qui elle vient d'avoir de tels ébats. À cause de ce rêve, ses sentiments envers son patron évoluent ; le rêve adoucit et modifie son attitude envers lui, et lui permet de reprendre leur relation à zéro.

Quand on rêve que l'on a une relation sexuelle avec une personne que l'on n'aime pas, on commence généralement par penser qu'on ressent une attirance secrète pour cette personne. Cela est rarement le cas. En revanche, comme il n'est pas sain (émotionnellement et mentalement) d'entretenir de façon prolongée une animosité envers quelqu'un, la psyché invente une expérience intense et plaisante, pour provoquer un changement d'attitude envers cette personne. Un sage a dit un jour que le meilleur moyen de se débarrasser d'un ennemi était d'en faire son ami. Rêver que vous faites l'amour avec une personne que vous détestez est un message de paix envoyé par votre psyché.

**EXEMPLE 2 DE RÊVE À FORTE CHARGE ÉMOTIONNELLE : LA VISITE D'UN ÊTRE CHER DÉCÉDÉ.** Un homme déprimé rêve de son défunt père, la seule personne qui le comprenait réellement. Le père embrasse son fils, lui dit qu'il est fier de lui, sourit, puis disparaît. Le rêveur se réveille le cœur léger. Il est moins déprimé qu'auparavant.

Les rêves qui amorcent un changement s'avèrent parfois plus efficaces que des heures passées à écouter les encouragements d'un ami ou d'un thérapeute, et peuvent avoir un effet durable sur le rêveur.

**LES RÊVES COMME BAROMÈTRE DE NOS SENTIMENTS.** Dans le rush du quotidien, on perd facilement le contact avec nos émotions. Quand la vie nous fait l'effet d'un tour de montagnes russes, les rêves peuvent nous aider à prendre conscience de nos sentiments et à affronter les problèmes à l'origine de cet enchevêtrement d'émotions.

Il nous arrive d'ignorer nos sentiments ou d'être dépassés par eux. Les rêves nous aident à prendre conscience de nos sentiments et à les identifier, pour nous permettre d'y faire face. Rêver que l'on est pris au piège sur un carrousel qui ne s'arrête jamais peut être terrifiant, et peut indiquer, de façon métaphorique, que vous avez l'impression d'avoir perdu le contrôle de vos émotions. Ou alors, rêver que vous sautez d'un avion en parachute et que vous planez joyeusement dans les airs peut attirer votre attention sur la fierté que vous inspire un récent accomplissement.

Supposez que, malgré vos efforts pour faire preuve de patience, un associé difficile vous mette à bout. Une nuit, vous rêvez que vous mettez ce collègue K.-O. Ce rêve ne vous suggère *pas* de frapper votre associé. Il reflète votre frustration et vous invite à revoir vos réactions face à cet associé, car elles créent des tensions en vous.

Un rêve peut aussi pointer une montée en puissance ou un affaiblissement des émotions. Si un homme timide rêve qu'il donne des ordres au travail et se fait obéir comme un sergent instructeur, cela peut indiquer qu'il a besoin de s'affirmer et qu'il en est capable. C'est une invitation à sortir de sa coquille. Si une femme d'affaires très sûre d'elle rêve que ses employés se cachent sous leur bureau dès qu'elle arrive, cela peut indiquer que sa confiance vire à la domination. C'est une invitation à calmer le jeu avec ses employés.

**LES ÉMOTIONS COMME UN MESSAGE À SOI-MÊME.** Les conseillers conçoivent souvent les émotions comme des « messages envoyés à soi-même ». Par exemple, une scène de dépression dans un rêve peut mettre en évidence une souffrance cachée qui a besoin d'être exprimée. La colère peut révéler des sentiments forts qu'il faut canaliser pour être un meilleur leader. L'arrogance peut cacher un manque de confiance ou révéler un désir d'être apprécié·e. Quand l'impact émotionnel est très fort ou vous laisse perplexe, cherchez à savoir si ces émotions sont un message envoyé à vous-même.

4

# TOUT EST DANS LE RÉCIT : COMMENT LE CANEVAS INCARNE LE MESSAGE ONIRIQUE

Tout est dans le récit, bien sûr ! Lorsqu'ils tentent d'analyser un rêve, la plupart des gens se focalisent sur les symboles et leur signification, ou sur ce que peut représenter l'un des personnages du rêve, comme si le message était ancré dans les symboles ou les personnages. En tant qu'experte en rêve, j'ai pour mission de déplacer l'attention des symboles vers le récit. Cela ne veut pas dire que les symboles ne sont pas importants. Ils le sont. Néanmoins, la plupart du temps, ils jouent un rôle accessoire. Pourquoi ? Parce que le rêve est une histoire qui parle de votre vie et que, de même que les contes de fées contiennent une morale, l'histoire en soi renferme le message. Par exemple, imaginez que le conte du *Petit Chaperon rouge* soit un rêve.

C'est l'histoire d'une personne naïve dupée par un loup déguisé ; dans ce cas de figure, le message serait de ne pas se laisser berner par une autre personne, que ce soit un escroc proposant de mauvais placements ou un mari infidèle qui envisage de quitter sa femme pour séduire une jolie fille. Que le personnage du rêve apparaisse sous les traits d'un escroc au large sourire, d'un loup déguisé ou d'un Don Juan, le message serait toujours le même : méfiez-vous d'une personne malintentionnée. Même s'il existe toujours des exceptions, dans la plupart des rêves, c'est le récit qui renferme le message. Comme l'explique en détail ce chapitre, comprendre le « canevas » d'un rêve est l'objectif numéro un – et la meilleure des stratégies – pour découvrir sa signification.

## ÉTAPE 2 : CRÉER UN CANEVAS

### Reformuler l'histoire est crucial pour trouver le message onirique

Définir le contenu essentiel du rêve correspond à l'étape 2 de la Technique des rêves en cinq étapes. Comme vous vous en souvenez, le canevas est une simple phrase qui, si elle est bien formulée, révèle le sens du rêve. C'est le moyen le plus rapide et le plus sûr de saisir le sens d'un rêve. Comme le montrent les exemples suivants, cela peut s'avérer décisif dans la compréhension des rêves et fonctionne pour la plupart d'entre eux.

**BÂTIR UN CANEVAS CONSISTE AVANT TOUT À GÉNÉRALISER.** Pour trouver le canevas, rédigez une phrase générique sur les actions et le dénouement du rêve, sans citer de détail spécifique. Extrayez l'essence du rêve et formulez-la avec des mots tels que « quelqu'un » et « quelque chose », afin de généraliser ce qui s'y passe. Ce type de généralisation vous aide à dépasser les évidences et à éliminer les détails qui détournent votre attention.

**EXEMPLE 1 : UN ÉTRANGER S'APPROCHE.** En Afrique du Sud, une jeune femme mariée rêve qu'elle est la passagère d'une voiture conduite par un bel étranger. Le conducteur approche la main de ses cuisses lors du passage des vitesses et se penche au-dessus d'elle pour fermer la portière côté passager, qui est cassée. En fermant cette portière, il crée une sorte d'espace clos. Elle est physiquement très attirée par cet homme et ils s'embrassent. Dans le rêve, cette expérience la rend très heureuse. Mais à son réveil, cette jeune femme qui aime son mari et ne le tromperait jamais se sent perdue et gênée.

**CANEVAS :** « Une personne interagit avec quelqu'un qu'elle aime et qu'elle désire, et est heureuse d'être avec lui dans un espace confiné, ce qui indique de bons rapports. » Sur le plan symbolique, notez la référence à l'« espace clos », qui donne un indice sur la signification du rêve. Associée au canevas qui parle de bons rapports avec un être aimé et désiré, l'image de l'espace clos renforce le message et la métaphore oniriques de la grossesse. Ce rêve indique à la jeune femme qu'elle va avoir un enfant, comme elle le souhaitait. Le bel étranger, avec qui elle est confinée dans son rêve, est une annonce visuelle du fils qu'elle aura.

**EXEMPLE 2 : ACCOUCHER DE SERPENTS.** Une femme d'âge moyen récemment divorcée rêve qu'elle trouve un serpent de huit mètres de long dans son jardin et que des bébés serpents apparaissent autour d'elle.

Elle se met ensuite à donner naissance à des tas de bébés serpents, qui ne sortent pas par l'orifice normalement dédié à l'accouchement, mais par l'anus. Des centaines de minuscules serpents naissent et elle ne peut rien faire pour les en empêcher. Elle est effrayée et horrifiée.

**LE CANEVAS :** « Une personne voit des choses effrayantes et non désirées venir vers elle et sortir d'elle-même de façon inappropriée, sans rien pouvoir y faire. » Entre un divorce, des soucis financiers et une longue liste de problèmes familiaux, le canevas décrit exactement l'état émotionnel de la rêveuse : elle a peur, elle a perdu le contrôle et a l'impression que tout autour d'elle va de travers.

**EXEMPLE 3 : FRANCHIR UN PONT EN BOIS EN COURANT.** Une jeune diplômée vient de déménager et se demande si elle va trouver du travail dans sa branche. Elle rêve qu'elle franchit un vieux pont en bois délabré, qui enjambe un marais froid, humide et aux eaux troubles, juste pour s'amuser, avec son frère et son meilleur ami. Au début, elle a peur, parce qu'il y a des anguilles dans l'eau, mais son frère lui dit que tout ira bien. Quelques planches manquent au pont, mais les trous sont trop petits pour que l'on tombe à travers et le pont est stable, alors elle continue à avancer. Elle trouve cela amusant et se met à faire des allers-retours sur le pont. Mais plus elle passe, plus les espaces entre les planches s'élargissent, au point qu'elle est obligée de sauter au-dessus d'eux. à son dernier passage, l'une des extrémités du pont est tombée à l'eau. Pour se mettre à l'abri, elle va devoir se jeter à l'eau et nager jusqu'au rivage. Terrifiée, elle repousse l'échéance. Son frère lui dit que tout ira bien, alors elle saute dans l'eau, nage jusqu'au rivage et se retrouve en sécurité.

**LE CANEVAS :** « Une personne prend de plus en plus de risques et, en dépit des difficultés, avec quelques encouragements, elle parvient là où elle voulait aller. » Une autre façon de le dire serait : « Quelqu'un surmonte des difficultés plus ou moins grandes et tout finit bien. » Comme l'indique le canevas, ce rêve est un message d'encouragement, pour l'aider à surmonter l'angoisse qu'elle ressent en se construisant une nouvelle vie. Grâce à la voix de son frère, ce rêve lui assure que tout se passera bien. De façon métaphorique, cette histoire était une façon de dire : « Jette-toi à l'eau ; tu ne te noieras pas. »

## COMMENT BÂTIR UN CANEVAS

**1. NE VOUS LAISSEZ PAS DISTRAIRE PAR LES SYMBOLES.** Beaucoup de méthodes d'interprétation des rêves misent tout sur la symbolique. Cependant, les symboles et les éléments de second plan peuvent détourner votre attention de la signification générale que vous recherchez. D'une certaine façon, les symboles sont le parfum et les décorations du gâteau, pas sa substance. Puisqu'ils renferment une grande partie du contexte émotionnel du rêve, les symboles sont importants, mais il faut commencer par examiner le canevas, car c'est l'action principale, énoncée dans le canevas, qui mène le plus souvent au message.

**2. DÉGAGEZ L'ACTION CENTRALE.** Lorsque vous étudiez le déroulement d'un rêve, concentrez-vous sur les actions, les réactions et les résultats les plus importants. En faisant ressortir les contours de ce qui se passe, vous commencerez à percevoir le canevas qui, comme un fil caché, sous-tend le rêve et assure sa cohérence.

**3. CONCENTREZ-VOUS SUR LE CŒUR DU SUJET.** Le canevas est un concentré de ce qui compte le plus, y compris du dénouement. Essayez de décrire votre rêve en une seule phrase de plusieurs façons différentes, jusqu'à trouver la bonne, celle qui reflète vraiment l'essence du récit. Faites attention au changement dans la façon dont vous percevez le rêve au fur et à mesure que vous approchez du cœur du sujet. Ne relâchez pas vos efforts, poursuivez jusqu'à ce que tous les éléments de l'histoire tiennent en une seule idée claire et concise.

**4. REMPLACEZ LES ACTIONS SPÉCIFIQUES PAR DES MÉTAPHORES D'ORDRE GÉNÉRAL.** Une scène où l'on pêche un poisson peut donner lieu à un canevas où une personne atteint son but. Un mariage peut se traduire par un canevas où quelqu'un est sur le point de s'engager. Tuer un assaillant peut mettre en évidence le thème sous-jacent de l'autodéfense. Vous voyez où je veux en venir.

**5. CE QUE LE CANEVAS N'EST PAS.** Le canevas n'est pas une tentative d'accéder directement à la signification du rêve. C'est une manière de prendre du recul et d'examiner ce qui s'y passe, sans laisser les détails de l'histoire parasiter la réflexion.

**6. POUR LES RÊVES LONGS, CRÉEZ PLUSIEURS CANEVAS.** Parfois, les rêves longs composés de plusieurs scènes renferment des messages complexes. Il s'agit parfois de plusieurs rêves qui se chevauchent. élaborez un canevas pour chaque partie. à la fin, en assemblant ces canevas, vous verrez peut-être émerger un message unique et cohérent ou une série de messages relatifs à un même sujet.

**7. SI L'ACTION PRINCIPALE DU RÊVE EST COMPLEXE, NOTEZ LES SIMILITUDES ET LES DIFFÉRENCES.** Quand un rêve n'est pas linéaire et que l'action centrale semble manquer de clarté et de cohérence, essayez de grouper les similitudes et les différences par thème. Une fois que vous aurez cerné ces thèmes, vous pourrez les convertir en canevas et progresser dans votre recherche de la signification du rêve.

**EXEMPLE DE DIFFÉRENCES ET DE SIMILITUDES AU SEIN D'UN CANEVAS : L'ACHETEUSE FRUSTRÉE.** Une femme rêve qu'elle est dans un grand magasin pour acheter des produits cosmétiques courants, comme du vernis à ongles, du parfum et du mascara. Elle ne trouve pas ce qu'elle veut et va de déception en déception. 99 % du rêve décrit des scènes décousues qui ne mènent à rien. Dans la dernière scène, qu'elle décrit presque comme un fait accessoire, la femme trouve une magnifique bague en rubis dont elle avait toujours rêvé. La bague lui va parfaitement et son prix est abordable.

Pour ce qui est des similitudes, on peut dire que quelqu'un s'obstine à chercher des petites choses de la vie, sans les trouver. La différence, c'est qu'en se concentrant sur ces petites choses, cette personne trouve, contre toute attente, un objet très précieux qu'elle a toujours voulu avoir. Si l'on combine ces éléments, le canevas devient : « Une personne se heurte aux difficultés et à l'échec en courant après de petites choses de la vie mais, à force de persévérance, elle obtient satisfaction. » De quelle satisfaction parle-t-on ? Celle des espoirs et des objectifs qu'elle s'était fixés dans la vie.

Lorsqu'on analyse ce rêve, presque toute l'histoire se résume à errer de boutique en boutique sans trouver ce que l'on recherche. Ces images pourraient détourner notre attention et nous amener à la conclusion que ce rêve parle d'une personne qui tourne en rond. Cependant, le dénouement modifie la vision d'ensemble. Le contraste entre l'action principale, qui ne mène à rien, et cette fin heureuse permet de mieux cerner l'histoire. Quand un rêve est long et confus, cherchez les différences, les similitudes et les contrastes significatifs, et voyez si une idée centrale s'en dégage.

La première fois que vous analysez un rêve long et décousu, cherchez un rebondissement dans l'histoire qui modifie le point de vue. Un changement de rythme ou un contraste dans une scène peuvent vous aider à distinguer les fils directeurs de l'histoire et faire ressortir le message.

**8. ENTRAÎNEZ-VOUS AVEC DES HISTOIRES QUE VOUS CONNAISSEZ.** C'est en forgeant que l'on devient forgeron. Plus vous décoderez de rêves à l'aide du canevas, plus vous saurez analyser vos rêves rapidement. Lorsque vous êtes coincé·e dans les embouteillages ou pendant la pause-café, essayez ces exercices d'entraînement de deux minutes. élaborez différentes versions d'un même canevas. Efforcez-vous d'épurer chaque version, tout en y incluant tous les points centraux qui impactent le cœur du sujet.

**PRENEZ UN CONTE DE FÉES.** Faites comme si le conte de fées préféré de votre enfance était un rêve et trouvez son canevas. Celui du *Vilain Petit Canard* pourrait être : « Quelqu'un est rejeté parce qu'il est différent des autres, mais découvre ensuite ce qui le rend unique et cela le comble de joie. »

**Choisissez un film.** Prenez un film qui vous a plu. *Gandhi*, par exemple, pourrait avoir pour canevas : « En faisant preuve d'intégrité, de courage et de patience, une personne qui n'a pas le pouvoir prend l'initiative et, en dépit d'une puissante opposition, entraîne un vaste changement positif. » Pour *Titanic*, on pourrait dire : « Le désespoir et une série d'obstacles insurmontables font émerger à la fois l'héroïsme et l'égoïsme. »

**Les programmes télévisés.** Et pourquoi pas une émission ou un épisode de série ? Un jeu télévisé comme *Le Juste Prix* pourrait avoir pour canevas : « Certains perdent, d'autres gagnent, mais tous passent un bon moment. » Quant à la série *Modern Family*, on pourrait opter pour : « Là où il y a de l'amour, les différences ne comptent pas. »

5

# UN RÊVE N'EST PAS UN MINIFILM, MAIS UN LIEN AVEC VOTRE EXISTENCE

Les rêves braquent un projecteur sur votre vie. À l'étape 2, celle du canevas, vous avez extrait la signification du rêve et défini la trame. L'étape 3 consiste à identifier l'aspect de votre vie ainsi placé sous la lumière du projecteur. C'est le moment de faire un parallèle entre le canevas et votre vie. Comme ce rêve parle de vous, la question est la suivante : « À quel aspect de ma vie ou de ma personnalité cette histoire fait-elle écho ? » Parle-t-elle de votre moi intérieur, comme un miroir reflétant une attitude, un état émotionnel, un souhait ou un objectif ? Ou bien attire-t-elle l'attention sur un événement extérieur qui vous déchire le cœur, comme un drame amoureux, une décision ou une inquiétude au sujet d'un être cher ? L'étape 3 vous dit comment suivre la lumière du projecteur pour replacer le canevas dans le contexte de votre vie réelle. Une fois que l'on a établi cette concordance et trouvé le domaine de notre vie auquel l'histoire fait référence, on commence souvent à deviner sa signification. Cette étape peut être la plus intéressante et la plus révélatrice de toutes ! Voici quelques conseils pour la mener à bien.

## ÉTAPE 3 : ÉTABLIR UN LIEN ENTRE LE CANEVAS ET VOTRE VIE

**1. POSEZ LA BONNE QUESTION SUR LA SIGNIFICATION DU RÊVE.** Comme je l'ai déjà précisé, la question n'est jamais « Que signifie ce rêve ? », mais « À quelle partie de ma vie ou de ma personne fait-il référence ? » C'est un point essentiel qui vaut la peine d'être répété. Gardez à l'esprit que le rêve parle de votre vie et n'est pas qu'une petite histoire amusante. Ainsi, vous resterez sur la bonne voie et découvrirez le sens de votre rêve. Associez le canevas à un aspect de votre vie ou à une expérience, et sa signification fera surface.

**2. L'IMPORTANCE DE FAIRE LE LIEN ENTRE LE CANEVAS ET VOTRE VIE.** De la même manière que vous déplacez une pièce au-dessus du puzzle, pour trouver sa place, passez votre vie en revue pour voir à quoi fait référence le canevas, que ce soit une attitude, une relation, une activité ou une situation en cours. Par exemple, supposons que vous rêviez que vous participez à une course lors des Jeux olympiques et que vous remportez la médaille d'or. Le canevas dit : « Après beaucoup d'efforts, quelqu'un connaît une réussite phénoménale » ou « En persévérant, quelqu'un obtient de formidables résultats ». L'accomplissement mis en lumière par ce rêve dépend de votre vie. Vous seul·e pouvez savoir ce que représente cette victoire. Certaines personnes y verront le fait d'avoir pu enfiler une tenue glamour après avoir perdu du poids, d'autres associeront cela à l'obtention d'un diplôme ou à une ascension rapide au sein de leur entreprise.

**3. TRANSFORMEZ LE CANEVAS EN QUESTION.** Si vous avez du mal à faire concorder le canevas avec un aspect de votre vie, essayez de le reformuler sur le mode interrogatif.

**EXEMPLE 1 : L'INVASION DE MON ESPACE.** Un homme rêve qu'il entre dans son bureau et voit l'assistante du manager assise à sa place, en train de déchirer des morceaux de Scotch pour son usage personnel. Elle n'a pas le droit d'être là ni de toucher à ses affaires. L'homme s'approche et lui demande calmement : « Qu'est-ce que vous faites ? » Même si elle sait qu'elle n'a rien à faire là, elle l'ignore et le provoque en continuant à déchirer des morceaux de Scotch. L'homme reste calme et la laisse tranquille, car il ne sait pas quoi faire. Le canevas est : « Quelqu'un regarde une autre personne outrepasser ses droits, mais ne sait pas comment l'arrêter. » Cela soulève les questions suivantes : dans quel domaine de votre vie une personne abuse-t-elle de la situation ? Laissez-vous quelqu'un profiter de vous ? Y a-t-il une situation, au travail ou ailleurs, où vous aimeriez exprimer votre avis, mais n'osez pas le faire ? En répondant aux questions posées par le canevas, vous devriez réussir à mettre le doigt sur l'aspect de votre vie auquel le rêve fait référence.

**EXEMPLE 2 : LA BLESSURE.** Un rêveur est choqué par la vision d'une plaie béante qui dégouline de sang. Le canevas est : « Quelqu'un voit une chose qui nécessite un grand secours. » Ce canevas soulève les questions suivantes : dans quel domaine de votre vie vous sentez-vous blessé·e ou accablé·e de douleur ? Avez-vous négligé une personne de votre entourage, qui est en souffrance ? Vos actions, vos habitudes ou celles d'un proche ont-elles engendré une douleur émotionnelle ?

**EXEMPLE 3 : LE BEAU FOULARD.** Une femme rêve que ses associés sont paniqués et ne savent plus où donner de la tête. Elle les ignore et met calmement un large foulard en soie rouge autour de son cou, puis le noue soigneusement de façon artistique. Le canevas est : « Au lieu de se laisser happer par la frénésie et le chaos ambiants, une personne s'applique paisiblement à créer quelque chose de joli. » Cela soulève les questions suivantes : dans quel domaine de votre vie êtes-vous entouré·e de personnes paniquées ? Pourriez-vous résoudre un problème en tâchant simplement de faire de votre mieux ? Y a-t-il des activités créatives qui vous détournent des sources d'anxiété dans votre vie ?

**4. LE CANEVAS PEUT FAIRE RÉFÉRENCE À VOTRE VIE INTÉRIEURE OU EXTÉRIEURE.** En cherchant les réponses aux questions soulevées par le canevas, vous commencerez peut-être à comprendre certaines choses sur un aspect particulier de votre vie. Quand vous tentez de relier un canevas à un domaine de votre existence, rappelez-vous que vous menez deux vies en même temps : une extérieure et une intérieure. Parfois, l'événement commenté par le rêve est en fait une attitude, une émotion, un ensemble de pensées ou un point de vue, qui se situent en vous. Votre vie intérieure est aussi le théâtre de nombreux épisodes et événements, pour ainsi dire. On a tendance à s'intéresser aux circonstances et aux événements extérieurs pour comprendre la signification des rêves, mais ceux-ci font tout aussi souvent référence à des traits de caractère, des attitudes ou des pensées relatives à des décisions potentielles, des espoirs, des craintes et des souhaits.

6

# LES SYMBOLES ET LES RÊVES

Après avoir relégué les symboles au second plan à l'étape 1 de la Technique des rêves en cinq étapes, nous bouclons la boucle à l'étape 4, en nous penchant sur l'importance des symboles et des personnages oniriques. Le canevas vous a donné la trame du message. à présent, vous pouvez ajouter un symbole onirique à cette trame, pour clarifier et préciser le message.

Les symboles constituent également un pont crucial, qui fait le lien entre plusieurs facteurs du rêve. Premièrement, un symbole est un lien entre un souvenir du passé et un événement actuel, et révèle la façon dont le passé et le présent se chevauchent. Deuxièmement, parce qu'il est associé aux expériences passées, le symbole établit un lien direct avec nos émotions. L'impact du symbole sur vos sentiments peut influencer le message et avoir un effet majeur sur la signification du rêve. Troisièmement, parce qu'il est lié à nos souvenirs, le symbole est aussi lié à notre inconscient, la partie cachée de nous-mêmes qui emmagasine les expériences oubliées, les souhaits, les objectifs ainsi que les traumatismes refoulés. Un symbole onirique peut renfermer, tel un trésor secret, une profusion de sentiments et de découvertes sur vous-même et votre passé. En voyant, grâce au symbole onirique, comment le passé vous a façonné·e, vous devenez plus libre de choisir votre voie pour mieux avancer. L'étape 4 rétablit le formidable rôle transformateur que peut jouer le symbole onirique, et nous aide à voir comment décrypter sa signification.

## ÉTAPE 4 : EXAMINER LES SYMBOLES

**TROIS FAÇONS DE TROUVER LA SIGNIFICATION D'UN SYMBOLE ONIRIQUE.** Explorez les approches déjà bien établies détaillées ci-dessous. En testant ces méthodes sur vos propres rêves, vous remarquerez que votre psyché ne choisit jamais un symbole au hasard ! L'esprit travaille dur pour sélectionner un symbole spécifique et faire passer un message précis.

**LES ASSOCIATIONS PASSÉES DE FREUD.** Faites remonter votre symbole jusqu'à un souvenir ou une expérience passée, et faites le lien entre cette bribe du passé et l'histoire de votre rêve actuel, puis une situation de votre vie présente.

**LES ASSOCIATIONS PARALLÈLES DE JUNG.** Réfléchissez à ce que vous évoque actuellement le symbole.

**LA MÉTHODE DU « DEVENIR SYMBOLE » DE FRITZ PERLS.** Cette technique implique de se mettre en scène. Vous vous confrontez à un symbole ou un personnage onirique en faisant semblant d'engager une discussion avec lui. En devenant progressivement ce symbole, vous dépassez les limites de l'esprit logique et vous développez une compréhension intuitive des courants sous-jacents du symbole.

**FREUD : RELIEZ UN SYMBOLE ONIRIQUE À VOTRE PASSÉ.** En travaillant sur les rêves de ses patients, Freud a remarqué que les symboles oniriques faisaient référence à des expériences passées qui avaient eu un impact émotionnel sur ces personnes. Pour comprendre la signification de ces symboles, il demandait à ses patients de remonter dans le temps jusqu'à ces souvenirs et, tandis qu'ils étaient allongés sur le divan, il les laissait faire ressortir tout ce qui était autrefois associé à ces symboles. Lorsque ces souvenirs refaisaient surface, Freud établissait un lien entre ces souvenirs et le symbole onirique en question, qui pouvait être un objet ou une personne. À la manière du magicien sortant une ribambelle de foulards de sa manche, ce retour dans le temps fait apparaître une multitude de souvenirs multicolores. Retrouver l'origine d'un symbole onirique est plus simple qu'il n'y paraît. Imaginez que vous rêvez d'une luge d'enfant. Pensez à la dernière fois que vous êtes monté·e sur une luge. Aviez-vous une luge étant enfant ? Avez-vous vu une luge dans la vitrine d'un magasin ? Avez-vous lu un livre ou vu un film qui parlait d'une luge ? Repensez à ce que vous faisiez, pensiez ou ressentiez face à cette luge, et voyez si ce souvenir a un rapport avec ce qui vous arrive actuellement, en lien avec votre rêve. Si le déclic se produit, réfléchissez à la façon dont ce souvenir peut éclairer les circonstances actuelles liées à votre rêve.

**EXEMPLE DE RÊVE 1 : LA COULEUR JAUNE.** Un homme quitte sa femme dans la vraie vie. La veille de son départ, sa femme porte une robe jaune. Quelques mois plus tard, la couleur jaune commence à envahir les rêves de l'homme. Le jaune est désormais associé à son départ du foyer et est synonyme, à ses yeux, de douleur et de tristesse. Parce que les sentiments négatifs peuvent devenir paralysants et mener à la dépression, la couleur jaune est un message lui indiquant de faire face à ses problèmes conjugaux ou, du moins, à ses sentiments. Pour lui éviter de sombrer dans la dépression, l'alcool ou tout autre comportement autodestructeur, ces rêves répétés autour de la couleur jaune sont une injonction à se réconcilier avec sa femme ou à surmonter la douleur de la séparation.

**EXEMPLE DE RÊVE 2 : LE MATCH DE BASEBALL.** Un homme d'âge moyen rêve qu'il joue au baseball et marque un homerun grâce à une batte spéciale. Considérant le match de baseball comme un symbole onirique, il se souvient qu'il adorait pratiquer ce sport dans sa jeunesse et qu'il avait obtenu des statistiques élevées lors du tournoi inter-quartiers. Le canevas dit : « Quelqu'un fait quelque chose qu'il aime beaucoup et, grâce à un outil spécial, connaît la réussite. »

Pour ce rêveur d'âge moyen, ces souvenirs de baseball sont associés à ce qu'il aime faire. Ce rappel du passé le pousse à admettre une grande insatisfaction au travail. à ses yeux, il fait le plus gros du travail et ne reçoit que la plus petite part du gâteau. Ces récentes frustrations lui font contempler l'idée, depuis quelque temps, de s'appuyer sur sa capacité à bâtir des liens de confiance avec ses clients pour monter son entreprise. La méthode freudienne d'examen des souvenirs du passé associés au symbole onirique fait ainsi ressortir la satisfaction qu'il ressentait autrefois, quand il jouait au baseball. Ces souvenirs incitent le rêveur à croire de nouveau en lui-même, comme dans sa jeunesse. En assemblant les pièces du puzzle, ce dernier décide de sauter le pas et de monter sa propre entreprise, sans regret.

**RÉSUMÉ DE LA MÉTHODE DE FREUD : REMONTER AUX ORIGINES DU SYMBOLE ONIRIQUE.** Pour Freud, le symbole onirique est une image qui vous rafraîchit la mémoire en vous rappelant des choses du passé qui éclairent un message relatif au présent. Plus vous vous entraînerez à pratiquer cette technique, plus vous l'aimerez. Choisissez un symbole onirique qui vous touche particulièrement ou qui vous fascine.

- Passez en revue les événements et les sentiments du passé que ce symbole vous évoque
- Cherchez la manière dont ces souvenirs (en soi ou de façon métaphorique) et les jeux de mots qu'ils inspirent éclairent une situation actuelle.
- Continuez à remonter dans le temps jusqu'à ce qu'un élément du passé crée le déclic et donne du sens à une situation actuelle.
- Le lien avec le passé n'est pas toujours évident à trouver, mais il existe toujours.

**CARL G. JUNG : CE QUE SIGNIFIE LE SYMBOLE ONIRIQUE POUR VOUS AUJOURD'HUI.** Jung a remarqué que nos pensées actuelles relatives au symbole onirique pouvaient aussi donner du sens au rêve. Si vous rêvez d'un lac, au lieu de chercher une expérience passée au bord d'un lac, réfléchissez à ce que signifie le lac à vos yeux, en général. Cela peut évoquer des images de détente ou d'escapade. Si vous rêvez d'un athlète, c'est peut-être pour vous rappeler de faire du sport ou de prendre soin de votre santé.

Tous les symboles oniriques peuvent donner lieu à une double association – l'une avec le passé et l'autre avec le présent. Pensez à tenir compte des deux. Vous pourrez en apprendre plus sur les idées de Jung en matière de rêves et de symboles en lisant ses mémoires, *Ma Vie : Souvenirs, rêves et pensées.* Cette lecture, bien que captivante, demande cependant quelques efforts.

**FRITZ PERLS : DEVENEZ LE SYMBOLE ONIRIQUE.** Le psychologue Fritz Perls encourageait les rêveurs à devenir un personnage ou un symbole onirique. Cet exercice peut être réalisé en mettant deux chaises face à face. L'une des chaises représente le rêveur et l'autre, le personnage onirique. Passez de l'une à l'autre en interprétant ces rôles tour à tour. Cela fonctionne aussi avec un dialogue écrit.

Même si devenir un personnage onirique peut sembler puéril ou bizarre, cette méthode fonctionne, en particulier pour les rêves dont le message semble échapper à la logique. C'est une approche ludique et non intellectuelle qui permet de faire sortir les pensées et les sentiments bloqués. En ne faisant plus qu'un avec un symbole et en ouvrant les portes de l'inconscient, vous comprendrez peut-être de façon intuitive les métaphores qui défient la logique. Quand toutes les autres méthodes ont échoué ou juste pour vous amuser, essayez la méthode de Fritz Perls avec un symbole que vous ne comprenez pas. Vous pourriez être surpris·e du résultat.

**EXEMPLE DE RÊVE : QUE FAIT CE RAT DANS MON SALON ?** La technique de Fritz Perls a été illustrée de façon amusante lors d'un séminaire. à la demande de sa petite amie, un grand dirigeant d'entreprise assiste à un atelier d'analyse des rêves. Même s'il doute de l'utilité des rêves, il joue le jeu et partage un rêve mettant en scène un rat arrogant. Dans ce rêve, il est très contrarié qu'un rat se soit introduit dans son salon, en faisant un énorme trou dans le mur derrière son beau canapé. Il tente de le chasser, mais l'animal gonfle le torse et se plante au milieu de la pièce, comme si elle lui appartenait. Ce rêve laisse l'homme de pouvoir agacé et perplexe.

Devenir le symbole fonctionne bien avec les rêves évoquant des sentiments forts, comme la colère ressentie par ce rêveur. Deux chaises ont été placées face à face, puis le directeur s'est mis à interpréter les deux rôles – le sien et celui du rat : « Rat, que fais-tu au milieu de mon salon ? Comment oses-tu envahir mon espace ? » Il change de chaise, réfléchit à ce que pourrait répondre le rongeur arrogant, puis ses yeux s'écarquillent, comme s'il était sous le choc. Les autres participants continuent à l'observer, intrigués, puis le chef d'entreprise éclate de rire, avant d'expliquer ce qui vient de se passer. En tant que directeur, il a l'habitude d'obtenir tout ce qu'il veut de ses employés, même lorsque cela ne leur convient pas. Après avoir changé de chaise, il a compris que le rat arrogant n'était autre que lui-même. Cet homme n'étant pas toujours imbu de sa personne, son rêve l'invite à être vigilant et à modérer son arrogance. Remarquons à sa décharge qu'il a su prendre acte de ce message, se montrer plus conciliant et améliorer son style de leadership.

## TOUT SAVOIR SUR LES SYMBOLES ONIRIQUES

**1. LES SYMBOLES ONIRIQUES FONCTIONNENT COMME UN JEU DE MIME.** Au jeu du mime, une personne mime un mot ou une expression que les autres essaient de deviner. Le principe consiste donc à associer des images à des mots. Par exemple, le fait de mettre la main derrière l'oreille et de se pencher en avant, comme pour écouter quelque chose, transmet l'idée métaphorique et non verbale que les sonorités du mot à deviner ressemblent à celles d'un autre. De la même manière, les symboles oniriques miment une métaphore visuelle. Ils emploient une image silencieuse pour faire passer un message. Considérer les symboles oniriques comme un jeu de mime aide à percevoir ce message.

**2. LES SYMBOLES SONT SOIGNEUSEMENT SÉLECTIONNÉS.** Les symboles oniriques semblent parfois aléatoires. Les gens posent souvent ce genre de question : « J'ai vu une chemise bleue à rayures hier, dans une vitrine ; et cette nuit, j'en ai rêvé. Est-ce juste une coïncidence ? » La réponse est non, ce n'est pas une coïncidence. Que cette chemise bleue à rayures soit un souvenir de la veille ou d'il y a dix ans, la psyché l'a choisie comme symbole, parmi tous les souvenirs, afin de transmettre un message précis.

Par exemple, imaginons qu'en voyant cette chemise bleue, un homme se rappelle que son patron a une chemise semblable, puis qu'il se dise que cette chemise lui irait bien. Une idée en entraînant une autre, il en vient à penser qu'il devrait essayer d'obtenir une promotion. à cet instant, la chemise bleue devient un symbole de ses ambitions et de la réussite. Une fois le lien établi entre son évolution de carrière et la chemise dans la vitrine, le rêve mettant en scène cette chemise devient un indicateur qu'il est en passe de renouer avec ses ambitions. C'est ainsi que fonctionnent les symboles et c'est ainsi qu'ils sont sélectionnés : par le biais des associations avec vos idées, vos sentiments, vos souvenirs et vos expériences.

Autrefois, les rêves étaient considérés comme des petits films accidentels qui, comme un lapsus de l'inconscient, surgissaient sans prévenir pendant le sommeil. D'après les penseurs modernes, l'esprit applique des règles prévisibles pour vous transmettre une idée par l'intermédiaire d'un rêve et travaille dur pour faire passer le message.

L'expérience dans le domaine indique aujourd'hui que la psyché ne choisit jamais un symbole au hasard. Aussi incroyable que cela puisse paraître, la sélection du symbole onirique met en parallèle les aspects émotionnel et intellectuel du message transmis. L'esprit reste l'ordinateur le plus puissant du monde.

**3. LES SYMBOLES SONT LE GLAÇAGE, PAS LE GÂTEAU.** Même s'il arrive qu'un symbole constitue, en soi et par soi, le message dans son intégralité, la plupart du temps, le symbole onirique n'est que le choriste, pas la vedette. Le plus souvent, le symbole équivaut au glaçage sur le gâteau : il donne plus de saveur et de profondeur au rêve. Telle une image en 3D, le symbole onirique fait le lien entre notre expérience passée et une circonstance actuelle, un lien qui, lorsqu'on l'explore, donne accès à une compréhension plus approfondie. Le symbole n'en est pas moins important pour autant. Après tout, que serait un gâteau sans un bon glaçage ?

**4. POUR MIEUX COMPRENDRE UN SYMBOLE, DÉBRANCHEZ VOTRE CERVEAU.** Au lieu de vous acharner à trouver la signification d'un symbole comme si vous passiez un examen, abordez cela de façon plus ludique. Une attitude détendue vous permettra de naviguer dans les zones créatives de votre cerveau et d'accéder à un état créatif où les liens entre l'expérience passée et le symbole peuvent émerger.

**5. LES SYMBOLES ET LES MÉTAPHORES QU'ILS CRÉENT SONT DES MESSAGES UNIQUES ET PERSONNALISÉS.** Les symboles oniriques sont sélectionnés parmi vos expériences personnelles (vos souvenirs) afin de concocter un message qui vous est à vous seul·e destiné. Si vous avez eu un accident de moto et rêvez ensuite d'une moto, celle-ci fera référence à l'accident, symbolisant alors le danger, la peur ou la détresse. En revanche, si vous êtes devenu·e membre d'un club de motards et que vous adorez l'ambiance des virées en groupe, un rêve de moto peut être synonyme de bonnes relations, d'amusement et d'aventure. Une marguerite pourra rappeler à une femme les champs de la région où elle a grandi, comme une référence à ses premières valeurs familiales. En revanche, un bouquet de marguerites pourra rappeler à une autre femme des fleurs qu'elle a vues en vitrine quand elle était plus jeune, sans pouvoir se les offrir, et évoquera plutôt un sentiment d'insatisfaction. Même si le symbole est exactement le même, ces femmes reçoivent deux messages différents, à cause de leurs souvenirs personnels relatifs à ce symbole. Lorsque vous vous penchez sur des symboles oniriques, faites confiance à votre expérience et passez en revue les souvenirs qui y sont liés. Une fois que vous aurez vu avec quelle facilité l'image onirique se connecte à votre expérience, déchiffrer ces symboles deviendra aussi simple que de saisir la chute d'une histoire drôle.

**6. LES SYMBOLES REFLÈTENT VOTRE STYLE DE COMMUNICATION.** Pensez à la façon dont vous vous exprimez. Si vous êtes d'un naturel poli, les personnages de vos rêves seront courtois. Si vous êtes plutôt poète et aimez broder, vos rêves seront faits de scènes et de symboles agencés de façon minutieuse et détaillée. L'une des participantes d'un groupe d'analyse de rêves était écrivaine. Ses rêves étaient des pièces très élaborées en trois parties, avec une introduction, une scène principale et une conclusion. Le héros de son rêve était facile à identifier et l'intrigue centrale était digne d'un scénario hollywoodien. à l'inverse, un comptable qui prenait rarement la parole faisait des rêves courts, qui incluaient souvent des nombres. Pour mieux déchiffrer vos symboles oniriques, étudiez votre style de communication.

**7. LES SYMBOLES PEUVENT ÊTRE DES JEUX DE MOTS VERBAUX OU IMAGÉS.** Les symboles sont des métaphores visuelles qui s'avèrent souvent ludiques et humoristiques, comme dans les exemples ci-dessous.

- *Un seau.* Un simple seau d'eau peut faire référence au sceau d'une enveloppe ou rappeler l'expression « faire le grand saut ».
- *Un insecte* peut incarner une chose qui vous démange.
- *Une horloge* qui part en courant peut symboliser l'idée d'une course contre la montre.
- *Une tête hypertrophiée* peut figurer la vanité et l'égocentrisme.
- *Une salle de bains* représente un lieu où l'on se purifie et où l'on cherche le réconfort.
- *Chercher des toilettes* peut signifier que l'on a besoin de se décharger ou de laisser des choses dérangeantes derrière soi.
- *Une maison ou une pièce* peut symboliser un élargissement des possibilités ou de nouveaux horizons.
- *Conduire un véhicule* peut être une façon d'exprimer que l'on apprend à manœuvrer ou que quelque chose nous fait avancer.

## LES SYMBOLES ONIRIQUES PARTAGÉS : UN SYMBOLE PEUT SIGNIFIER LA MÊME CHOSE POUR PLUSIEURS PERSONNES

**PARFOIS, LES SYMBOLES ONIRIQUES PEUVENT AVOIR LA MÊME SIGNIFICATION POUR UN GRAND NOMBRE DE PERSONNES.** Certains symboles oniriques évoquent les mêmes souvenirs pour beaucoup de personnes, comme la statue de la Liberté, par exemple, symbole de liberté et de seconde chance pour les immigrants arrivant aux états-Unis. Un symbole partagé peut être un drapeau, qui avive un sentiment patriote, ou un objet particulier, comme Big Ben, qui rappelle l'héritage culturel londonien, ou encore une icône, comme Superman, qui suggère quant à lui l'incarnation de l'acte héroïque. Ces symboles partagés ou culturels ont la même signification pour tous les membres d'un groupe ou d'une société. Avec le développement du numérique qui élargit nos horizons, nous reconnaissons et nous nous approprions un nombre croissant d'icônes et de symboles partagés.

**SYMBOLES PERSONNELS ET PARTAGÉS PEUVENT INTERAGIR.** On observe parfois une interaction entre un symbole personnel et un symbole partagé. Par exemple, un médaillon en or en forme de croix peut être un symbole personnel, comme un cadeau reçu d'une grand-mère décédée. Dans un rêve, cette image peut vous rappeler que vous êtes aimé·e. Mais si vous rêvez d'une croix alors que vous traversez une période de crise, il peut s'agir d'un symbole partagé, et cette même croix peut alors vous inviter à puiser des forces dans vos racines spirituelles.

**EXEMPLES DE SYMBOLES PARTAGÉS.** Même si la plupart des symboles oniriques font référence à des souvenirs personnels, il peut être utile de prêter attention aux associations les plus fréquentes. Voici quelques exemples de *stéréotypes courant*s qui peuvent entrer en ligne de compte dans le rêve d'une personne.

**LES ANIMAUX.** Si les photos représentant des personnes qui ressemblent à leur animal de compagnie peuvent beaucoup amuser, les animaux sont pourtant des symboles très efficaces pour nous aider à prendre conscience, de façon parfois caricaturale, de certains aspects liés à notre attitude ou à notre caractère. Un chaton endormi peut pointer un besoin de repos ou signaler une période de léthargie dans votre vie. Un chien peut refléter la fidélité, l'amitié. Un aigle peut suggérer une grande capacité de discernement et un renard peut symboliser l'intelligence.

LES VOITURES ET LES VÉHICULES. La voiture peut parfois représenter votre corps, car la voiture, comme le corps, est le véhicule à bord duquel vous voyagez dans la vie. Si la voiture a des problèmes mécaniques, il peut s'agir d'une invitation à faire attention à votre santé, ou à faire

LES ENFANTS. Les rêves d'enfants peuvent transmettre divers types de messages. Un jeune enfant peut incarner l'innocence ou pointer un comportement immature. Étant donné que l'enfant dispose d'un potentiel infini demandant néanmoins des soins et de l'attention, il peut désigner métaphoriquement un nouveau projet ou une nouvelle opportunité qui nécessite un engagement à long terme. L'état de santé de l'enfant dans le rêve peut donner une indication sur la santé du projet.

LES VÊTEMENTS. Vous changez de tenue selon vos humeurs, la météo ou le rôle que vous devez assumer, que ce soit celui de l'homme d'affaires élégant ou de l'artiste bohème. Comme ils font écho à vos activités et à vos émotions, les vêtements symbolisent souvent vos attitudes. Une personne timide peut se voir habillée tout en rouge, comme une invitation à s'affirmer. Un manteau épais peut indiquer un besoin de se sentir protégé·e, tandis qu'une robe légère peut exprimer le besoin, pour une rêveuse studieuse, de s'aérer un peu.

**LA MORT.** Pour beaucoup, la mort est le plus grand changement auquel on puisse être confronté ; c'est pourquoi, en rêve, elle symbolise souvent un changement majeur. Comme beaucoup d'entre nous la craignent, le décès et la destruction peuvent aussi faire référence à une peur intense. Même si presque tous les rêves de mort sont des métaphores, il arrive que cela soit une véritable mise en garde. Ce sont des rêves généralement plus intenses, au contenu plus littéral et qui, comme il s'agit d'un avertissement, sont souvent récurrents.

**LE VISAGE ET LE CORPS.** Les parties du corps, telles que le visage, les bras ou les pieds, sont souvent liées à l'activité qui leur est propre. Les dents peuvent faire référence à la façon dont on communique. Des dents cariées peuvent indiquer que la communication dans certaines circonstances laisse à désirer. Une oreille peut être en lien avec le sens de l'écoute, tandis que les pieds et les jambes peuvent faire référence au chemin que vous empruntez dans la vie. De même que les idées, les cheveux sortent de la tête et peuvent symboliser ce qui nous occupe l'esprit. Des plaies ou des parasites sur le cuir chevelu peuvent désigner des pensées douloureuses ou négatives, ou des attitudes qui nécessitent votre attention ou un changement.

**ARGENT, BIJOUX, PORTE-MONNAIE ET PORTEFEUILLES.** Quand de l'argent, des bijoux, des objets de valeur ou des contenants d'objets de valeur apparaissent en rêve, cela peut poser symboliquement la question de ce que vous valorisez dans la vie. Ce type d'images peut également être une invitation à revoir votre attitude face à ce que vous possédez.

**LES PIÈCES ET LES LIEUX PARTICULIERS.** Rêver d'une pièce ou d'un lieu en particulier peut faire référence à ce qui se passe à cet endroit. Un aéroport peut indiquer une prise de hauteur face à un problème, ou une tentative d'atteindre un objectif. Un court de tennis peut soulever la question de la façon dont vous jouez au tennis ou dont vous « échangez » avec les autres, comme une métaphore de la coopération. Une cuisine peut faire le lien avec vos habitudes alimentaires ou, de façon métaphorique, avec ce que vous « mijotez » dans la vie. Les rêves de chambre à coucher peuvent parler de vos relations, d'une passion ou d'un besoin de repos.

7

# LUMIÈRE, CAMÉRA, ACTION : GROS PLAN SUR LE MESSAGE ONIRIQUE

Franchir la ligne d'arrivée de l'analyse de rêves. Même si, officiellement, c'est à l'étape 5 de la Technique des rêves que l'on accède au message, ce dernier jaillit souvent dès la deuxième, la troisième ou la quatrième étape. Formidable. Mais que faire si, une fois arrivé·e à l'étape 5, vous n'avez toujours aucune idée de la signification de votre rêve ? Ou si vous pensez savoir ce qu'il signifie, mais avez du mal à voir ce que vous pouvez en faire ? Comment être sûr·e du message et comment l'appliquer avec assurance ? Ce chapitre répond aux deux cas de figure : si le message vous échappe et si vous ne savez pas quoi en faire concrètement. Vous trouverez enfin cinq exemples réels de rêves, leur signification et comment ils s'appliquent à la vie du rêveur.

## ÉTAPE 5 : DÉTERMINER LA SIGNIFICATION DU RÊVE

**1. TROUVEZ LA BONNE POINTURE.** Essayer de comprendre le message d'un rêve peut s'apparenter, dans un premier temps, à choisir une nouvelle paire de chaussures. Vous regardez les différents modèles proposés, vous retenez ceux qui vous plaisent, vous essayez quelques paires, quelques pointures, puis vous déterminez laquelle vous va le mieux. De même, comprendre un message onirique commence par un « essayage », au fil des étapes de la Technique des rêves. Vous commencez par nommer les émotions, puis vous créez un canevas, que vous associez à un aspect de votre vie, et vous examinez les principaux symboles contenus dans le rêve. Chaque étape peut apporter un peu plus de sens, jusqu'à ce que vous trouviez chaussure à votre pied.

**2. SI, À L'ÉTAPE 5, LA SIGNIFICATION DU RÊVE VOUS ÉCHAPPE TOUJOURS, CONTINUEZ À CHERCHER.** Une fois à l'étape 5, vous devriez déjà avoir une idée claire du message onirique. Cependant, si vous n'avez toujours pas eu la révélation, essayez l'une des options suivantes.

**OPTION 1 : UN NOUVEAU CANEVAS.** Essayez de créer un nouveau canevas, avec d'autres mots. Comme il s'agit d'un élément-clé, ses mots et son contenu doivent être parfaitement justes ou, du moins, aller dans le bon sens. C'est souvent là que le bât blesse.

**OPTION 2 : LE LIEN RÊVE-RÉALITÉ.** Parfois, c'est le lien que l'on fait entre le rêve et notre vie réelle qui fausse l'analyse. Même si la plupart des rêves parlent de vous, il arrive que certains rêves s'intéressent à d'autres personnes, comme un·e ami·e, un membre de votre famille, un·e collègue ou même à un sujet extérieur, comme un événement sportif ou un enjeu politique. Essayez d'élargir le cadre dans lequel pourrait s'inscrire le canevas vis-à-vis du puzzle de votre vie. Qui ou quelle situation vous rappelle le canevas ?

**OPTION 3 : PASSEZ À AUTRE CHOSE.** Si reformuler le canevas ne suffit pas et si aucun aspect de votre vie ne provoque de déclic, laissez le rêve de côté quelques jours ou quelques semaines. Parfois, le temps qui passe permet de poser un regard neuf sur un rêve déconcertant et nous mène jusqu'au message.

**3. APPLIQUER LES MESSAGES FAVORISE L'AFFLUX DE RÊVES CLAIRS.** Nos vies sont tellement riches de ressentis que même notre partenaire ou notre meilleur·e ami·e ne peuvent en saisir qu'une infime partie. La psyché fait figure d'exception, car elle est consciente de tout ce que nous pensons, faisons et ressentons. En nous envoyant des mémos pendant notre sommeil, elle agit comme un bon ami et une voix intérieure. Quand on tient compte de ce qu'elle nous dit, on reconnaît son utilité et les rêves continuent d'affluer. Si vous demandez conseil à un ami, puis ignorez son conseil, votre ami ne sera plus disposé à vous aider. La même chose peut se produire avec les rêves. Cependant, contrairement à votre ami, la psyché n'abandonne jamais. Sauf si vous décidez de laisser de côté vos rêves, votre psyché répétera son message et réinstaurera le dialogue dès que vous serez prêt·e.

**4. CONSIGNER UN MESSAGE ONIRIQUE DONNE PLUS DE FORCE À L'IDÉE QU'IL CONTIENT.** Une fois que vous avez trouvé une interprétation cohérente, notez le message que vous avez reçu à la suite du rêve. Celui-ci peut vous inviter à corriger votre attitude, travailler un talent, faire évoluer votre carrière, assainir une relation ou revoir vos options avant de prendre une décision. Il peut vous suggérer de réfléchir avant de parler ou de chercher les formations professionnelles qui s'offrent à vous. Vous aurez peut-être envie, un jour, de relire vos rêves, même des années plus tard. Ainsi, vous serez heureux·se de retrouver ces témoins précieux de votre progression dans la vie.

**5. METTEZ LE MESSAGE EN PRATIQUE.** à moins que vous soyez dans une situation vraiment dramatique qui justifie le recours à un conseil spécialisé, les pistes fournies par les rêves sont, en général, amplement suffisantes. Les rêves sont des histoires qui parlent de vous et de votre vie, et qui délivrent des conseils pratiques. Leurs messages sont conformes à vos croyances et à votre style de vie, et sont censés vous guider vers un changement naturel et positif. Que l'histoire soit absurde, inspirante ou effrayante, le message a toujours pour but de vous aider. Et surtout, il s'agit d'un message d'ordre pratique.

Par exemple, une scène dépeignant la fin du monde n'est pas un appel à stocker des vivres et de l'eau dans un bunker, mais plutôt une façon de dire : « La vie telle que je la connais touche à sa fin. » C'est un rêve très couramment observé chez les adolescents qui entrent petit à petit dans l'âge adulte. De même, à moins que vous habitiez une région à forte activité sismique, les tremblements de terre sont une excellente métaphore pour pointer un grand bouleversement. Ce message est fréquemment donné aux personnes en plein divorce ou confrontées à des problèmes financiers inattendus. Quelles que soient l'image ou l'histoire, les rêves sont une pensée de votre moi intérieur qui offre ses conseils pratiques censés apporter à votre vie plus d'harmonie, de réussite et de compréhension, et non la mettre sens dessus dessous.

**6. LES SCÈNES EXTRÊMES SONT SIGNIFICATIVES.** Les messages oniriques étant censés être pratiques et positifs, beaucoup de gens se demandent pourquoi les scènes dépeintes prennent souvent des proportions démesurées. Les images extrêmes peuvent se manifester pour différentes raisons.

**RAISON 1 : VOUS N'ÉCOUTEZ PAS.** Comme s'ils tambourinaient à votre porte, les rêves ont tendance à exagérer pour attirer votre attention. Ils ont alors recours à des scènes très marquantes, pour que vous vous souveniez d'eux.

**RAISON 2 : LE MESSAGE EST TRÈS IMPORTANT.** Plus le message est important, plus votre psyché fait d'efforts pour que vous en preniez conscience. Parfois, les scènes extrêmes ou terrifiantes sont une façon de signaler l'importance du rêve.

**RAISON 3 : LE SUJET EST SENSIBLE.** Le rêve peut aborder un sujet sensible qui vous fait réagir. Plus les sentiments suscités par un sujet sont intenses, plus vous pouvez tenter de repousser ce rêve. Cet effet « repoussoir » équivaut à chausser des lunettes noires. Quand vous voyez un objet ou une scène à travers des verres teintés, cela peut vous faire peur et transformer un rêve normal en images angoissantes. Le rêve en lui-même n'est pas effrayant ; ce sont vos réactions qui lui donnent cette apparence.

**RAISON 4 : VOUS NE COMPRENEZ PAS L'INTENTION DU RÊVE.** Avez-vous déjà vu au cinéma une scène montrant une femme courant sur un parking la nuit, poursuivie par une silhouette qui crie son nom ? La femme est terrorisée, mais lorsque la silhouette la rattrape, elle s'aperçoit qu'il s'agit en fait du gardien lui rendant les clés qu'elle a fait tomber. Certaines scènes oniriques extrêmes fonctionnent de la même manière. Elles révèlent un malentendu entre l'intention du rêve et le message envoyé.

**7. LES MESSAGES ONIRIQUES APPORTENT NORMALEMENT UN CHANGEMENT PROGRESSIF.** Les rêves entraînent généralement une légère réorientation de vos attitudes, de votre personnalité ou de votre évolution professionnelle. De temps en temps, un rêve peut amorcer un énorme changement en proposant une solution instantanée à un problème qui vous hante. Cependant, la plupart des changements évoqués en rêve sont aussi imperceptibles que l'éclosion gracieuse et silencieuse d'une fleur. Son effet passe presque inaperçu, jusqu'au jour où vous faites le point et remarquez un regain de confiance, une amélioration dans vos relations et une plus grande satisfaction au travail, que vous pouvez attribuer, en y regardant de plus près, aux conseils prodigués par vos rêves.

**8. AYEZ CONFIANCE EN VOTRE ANALYSE.** Croyez en votre capacité à déchiffrer vos rêves ! Si vous voulez comparer votre analyse d'un rêve en particulier à d'autres existant sur un même sujet, consultez les analyses effectuées par des experts. Par exemple, sur le site InterpretADream.com, vous pouvez utiliser des mots-clés pour explorer une bibliothèque en ligne proposant des thèmes variés, ou demander l'avis d'un expert sur un rêve insolite.

## CINQ EXEMPLES DE RÊVES DÉCHIFFRÉS

Voici quelques exemples de rêves réels et le message pratique qu'ils véhiculent, obtenu grâce à la Technique des rêves en cinq étapes. Ceux-ci m'ont été communiqués sur le site InterpretADream.com par des personnes du monde entier. Les rêves présentés ici sont donc un échantillon des contenus et des thèmes abordés. Comme vous le constaterez, ce sont les événements centraux qui guident l'analyse et indiquent le sens du message.

## Exemple 1 : un lion attaque mon mari.

Le contenu de ce rêve est émotionnellement très intense. Son dénouement apporte un indice sur la tournure que prendra la situation vécue à laquelle le rêve fait référence.

**LA RÊVEUSE :** une femme de 32 ans habitant un pays africain.

**LE RÊVE :** « Nous sommes assis dehors sur des chaises. Mon mari est assis face à moi et à côté de mon oncle. Je vois un lion approcher et je dis à mon mari et à mon oncle de partir, mais ils m'ignorent. Le lion épargne mon oncle, mais se jette sur mon mari et l'attaque à la tête. Mon oncle tente de l'aider, en vain. Je hurle et je frappe avec un bâton sur la tête du lion pour le faire partir. Mon mari est inconscient, mais en vie. Je vois d'autres lions qui ne nous attaquent pas, mais j'ai quand même peur. »

**LE CONTEXTE :** le mari est malade, et cela met en péril son entreprise et sa santé.

**LE SENTIMENT ÉPROUVÉ :** la peur.

**LE CANEVAS :** malgré de graves menaces, quelqu'un parvient à s'en sortir.

SYMBOLES PRINCIPAUX

**LE LION :** danger ; ce qui provoque la peur.

**LE BÂTON :** arme ; ce qui sauve la situation.

**LE MESSAGE :** voir des lions au loin reflète vos craintes concernant la santé et les revenus de votre mari. Comme ces lions ne vous attaquent pas, son entreprise et ses revenus ne sont pas en danger. Le lion qui s'en prend directement à votre mari incarne votre angoisse face à sa maladie. Cependant, dans ce rêve, vous sauvez votre mari et le lion s'en va. Cela indique qu'il guérira.

CONCLUSION : la fin d'un rêve montre souvent la tournure que prendront les choses. Dans votre rêve, votre mari survit parce que vous êtes venue l'aider. Faites tout ce que vous pouvez, et il s'en sortira.

## Exemple 2 : des problèmes pour envoyer des messages

Dans ce rêve, les images et les actions se répètent. La répétition montre le sentiment d'urgence éprouvé par le rêveur ainsi que l'urgence des problèmes abordés dans le rêve.

LE RÊVEUR : un homme de 41 ans.

LE RÊVE : « J'essaie d'envoyer un SMS, un e-mail ou d'appeler quelqu'un, mais quoi que je fasse, je n'arrive pas à appuyer sur le bon bouton du téléphone. Mes doigts ne trouvent pas les boutons qu'il faut. »

LE CONTEXTE : des changements d'ordre professionnel et personnel.

LE SENTIMENT ÉPROUVÉ : la frustration.

LE CANEVAS : les efforts d'une personne pour contacter les autres sont infructueux.

SYMBOLES PRINCIPAUX

LE TÉLÉPHONE : outil de communication.

NE PAS POUVOIR APPUYER SUR LE BON BOUTON : suggère la confusion et l'anxiété.

LES DOIGTS QUI NE FONCTIONNENT PAS : perte de capacité ou inefficacité des actions.

**LE MESSAGE :** ce rêve suggère que la communication avec les autres ne fonctionne pas. Cela indique de façon indirecte que le meilleur moyen de résoudre votre problème serait de prendre du recul et d'apprendre à communiquer, au lieu de continuer d'agir comme vous le faites.

**CONCLUSION :** il serait peut-être utile de reconsidérer la façon dont vous communiquez et de voir si vous pouvez l'améliorer. Les images suggèrent que vous insistez trop et que vous vous obstinez à faire des choses qui ne marchent pas. Parfois, mieux vaut s'abstenir. Garder le silence et faire preuve de sang-froid peut s'avérer plus efficace que les cris et les longs discours. Si vous avez du mal à communiquer, vous devriez peut-être vous calmer.

## Exemple 3 : poursuivi par un gros chien

Dans ce rêve, toutes les images tournent autour du thème de la peur et de la panique, qui est réutilisé dans le canevas.

**LE RÊVEUR :** un adolescent de 13 ans.

**LE RÊVE :** « Je suis devant ma maison, avec ma mère, mon père et ma sœur. On fait un barbecue et il fait beau. Soudain, ils se figent, arrêtent ce qu'ils étaient en train de faire et rentrent dans la maison, comme des robots. Je reste seul dehors. Le ciel commence à s'assombrir et j'essaie de revenir à la maison, mais c'est comme si j'étais cloué au sol, et je n'arrive pas bouger. Je tombe par terre et je me mets à ramper. Pendant que je rampe, un énorme chien noir sort de la cour. Il me rattrape et je rampe plus vite, mais la porte de la maison semble s'éloigner. J'essaie de crier, mais aucun son ne sort.

Le chien approche, mais je ne peux pas bouger. Je m'arrête et quand je me tourne, le chien est juste au-dessus de moi et je me réveille. »

**LE CONTEXTE :** le stress à l'école et les drames qui surviennent dans mon entourage.

**LE SENTIMENT ÉPROUVÉ :** la peur.

**LE CANEVAS :** quelqu'un se sent vulnérable et a du mal à avancer.

SYMBOLES PRINCIPAUX

**LE BARBECUE EN FAMILLE :** un événement familial heureux.

**L'IMPOSSIBILITÉ DE BOUGER :** sentiment d'être bloqué.

**LE GROS CHIEN NOIR :** ce qui semble menaçant ; ce qui fait peur.

**L'IMPOSSIBILITÉ DE CRIER :** ne pas avoir son mot à dire ; sentiment de ne pas être écouté.

**LE MESSAGE :** le fait de vouloir crier sans y parvenir suggère que vous avez la sensation de ne pas avoir votre mot à dire dans la vie et que vous avez peut-être du mal à exprimer vos besoins et vos désirs. La fuite face au chien indique un sentiment de vulnérabilité et de panique. Il serait bon de parler à un membre de votre famille ou à un conseiller, qui pourra vous donner des pistes pour développer des mécanismes qui vous aideront à faire face aux défis du quotidien.

**CONCLUSION :** quand on a 13 ans, la vie peut sembler intense, mystérieuse et stressante, mais vous vous en sortirez.

## Exemple 4 : le tatouage sur le bras

Quand vous voyez en rêve quelque chose de nouveau, de différent et de déroutant, comme c'est le cas ici, cela correspond souvent à une invitation à faire quelque de nouveau ou à chercher un point de vue différent. Dans ce rêve, le symbole central joue un rôle essentiel dans la compréhension du message.

**LE RÊVEUR :** un homme de 29 ans.

**LE RÊVE :** « Même si, dans la vraie vie, je n'ai pas de tatouage, je rêve que j'ai un tatouage sur l'avant-bras. Il représente une figure divine et cela me trouble, me contrarie. Je me demande d'où vient ce tatouage. En y regardant de plus près, je remarque que cette figure divine tient une lance. »

**LE CONTEXTE :** un besoin de reconnaissance, le sentiment d'être sous-estimé. Les gens ont tendance à oublier mon existence, surtout au travail.

**LE SENTIMENT ÉPROUVÉ :** la contrariété.

**LE CANEVAS :** quelqu'un est surpris de voir un élément visuel appliqué de façon permanente sur un endroit de son corps visible de tous.

### SYMBOLES PRINCIPAUX

**LE TATOUAGE :** symbole généralement lié à la virilité. Peut aussi souligner les croyances spirituelles d'une personne ou ses forces personnelles, ainsi que l'idée d'exposer ces dernières à la vue de tous.

**LA LANCE :** outil de survie ; également symbole de virilité.

**LE MESSAGE :** le symbole du tatouage représentant une divinité suggère que la réponse pour trouver votre force et gagner en visibilité peut consister à tracer votre voie spirituelle et à faire savoir aux autres ce en quoi vous croyez. La lance est un attribut guerrier. Cette image indique que vous avez peut-être du mal à vous affirmer et que vous avez besoin de vous exprimer.

LA CONCLUSION : les personnes qui se connectent à une entité supérieure, telle que Dieu ou une croyance spirituelle, ont tendance à avoir plus confiance en elles-mêmes. Il en résulte une présence plus affirmée au sein du groupe. Ce rêve suggère que définir votre voie spirituelle vous aidera à vous affirmer de façon constructive et à ne plus vous sentir invisible aux yeux des autres.

## Exemple 5 : mes frères essaient de me tuer

Beaucoup de rêves semblent illogiques et décousus, comme celui-ci, avec des personnes qui apparaissent de manière inattendue et beaucoup de revirements de situation. Commencez par trouver le canevas pour dégager une unité d'action et ne pas vous laisser distraire par les changements soudains dans l'imagerie employée.

LA RÊVEUSE : une femme de 43 ans.

LE RÊVE : « Mes frères essaient de me tuer non loin de mon appartement. Je m'enfuis, je rentre chez moi, je mets mon petit ami handicapé dans son fauteuil roulant et j'appelle les secours. Je leur dis que le diable est là et cherche à me tuer. Tout en parlant au téléphone, je sors en courant dans la rue. La police arrive et m'emmène, puis nous retournons ensemble à mon appartement. Mon petit ami n'est pas blessé et je suis saine et sauve. »

LE CONTEXTE : des problèmes avec mes frères et des difficultés au travail.

LE SENTIMENT ÉPROUVÉ : l'inquiétude.

LE CANEVAS : malgré le fait qu'elle soit prise pour cible, une personne se protège et protège ceux qu'elle aime.

## PRINCIPAUX SYMBOLES

LA FUITE : sentiment d'être attaqué.

LA TENTATIVE D'ASSASSINAT : sentiment que l'on est menacé ou que des personnes tentent d'imposer leur point de vue ou de forcer le rêveur à changer.

APPELER LA POLICE : chercher secours de manière conventionnelle ; tenter d'avoir la loi de son côté.

L'ARRIVÉE DE LA POLICE : rétablissement de l'ordre ; idée de recouvrer ses forces.

LE MESSAGE : les rêves procèdent par exagération, donc ces attaques symbolisent les attaques verbales auxquelles se livrent probablement les membres de la famille. La fuite indique que ces disputes suscitent en vous un sentiment de vulnérabilité. Cependant, la fin du rêve montre que tout finit bien. Elle indique que vous relèverez le défi et que vous aurez le dessus.

LA CONCLUSION : faites ce que vous savez être juste et tout ira bien.

8

# CONSEILS AVANCÉS POUR ANALYSER LES RÊVES

Aller plus loin dans la compréhension des rêves. Ceci vaut pour toutes vos compétences, y compris pour l'interprétation des rêves : mieux vous maîtrisez une méthode, mieux vous comprenez la manière dont on peut l'appliquer ou l'exploiter. En apprenant à établir le dialogue avec votre psyché et à accepter les messages que vous recevez, vous vous mettez à remarquer de plus en plus de choses. Certaines sont amusantes, comme le fait que votre psyché a le sens de l'humour et n'hésite pas, de temps en temps, à intégrer des blagues dans vos rêves. D'autres peuvent vous surprendre, comme le fait que votre psyché tente de vous « expliquer » comment interpréter vos rêves, à la manière des couples qui échangent des signaux silencieux et discrets, pour communiquer d'un bout à l'autre d'une pièce noire de monde. Plus vous prendrez plaisir à comprendre votre vie à travers vos rêves, mieux vous comprendrez vos rêves. Comme un champion olympique, vous exercez vos muscles et allez de plus en plus loin. Même si ce chapitre ne couvre pas tous les sujets les plus pointus en matière d'analyse des rêves, il propose plusieurs idées qui devraient satisfaire même les plus ambitieux.

## ASTUCES POUR ALLER PLUS LOIN DANS L'ANALYSE DES RÊVES

**1. LA FIN DU RÊVE CONTIENT SOUVENT UN CONSEIL.** Même si tout le rêve peut être porteur d'idées, la fin du rêve montre souvent la voie à suivre. Cherchez ce qui, à la fin du rêve, pourrait s'apparenter à un conseil.

**EXEMPLE DE RÊVE : LA TARENTULE ET LE GARDIEN.** Face aux rumeurs de licenciement dans son entreprise, un jeune homme craint de perdre son emploi. Il rêve qu'il est dans une gare, allongé sur les voies, tandis que les trains passent à toute vitesse près de lui sans le blesser. Ensuite, alors qu'il se voit tranquillement allongé sur une couverture blanche, il remarque soudain qu'une énorme tarentule noire est posée sur sa tête. Craignant pour sa vie, il court chercher de l'aide. Il tombe alors sur un gardien et lui montre la tarentule. Les deux hommes voient ensuite la tarentule se faire écraser par un train. Le gardien se tourne vers le jeune homme et lui dit : « Il n'y a plus de problème. » Puis il s'en va. Finalement, le danger a disparu aussi vite qu'il est arrivé. Cette fin suggère que, malgré les rumeurs de licenciement, l'emploi du jeune homme n'est pas menacé et qu'il ne risque rien.

Faites attention aux dernières images du rêve. Si vous voyez une personne prise dans une terrible tempête, mais qui finit par trouver un bon abri, c'est signe que tout ira bien. Alors que si vous rêvez d'un accident de voiture, cela peut faire référence à un désaccord majeur ou une dispute avec un être aimé. Si à la fin du rêve tout le monde est sain et sauf, quelle que soit la nature du désaccord, cela signifie que la paix sera restaurée.

**2. LES MARQUEURS TEMPORELS – QUAND SE PRODUIRA L'ÉVÉNEMENT DÉCRIT ?** Les rêves décrivent souvent le cours probable des événements et, occasionnellement, une PES (perception extrasensorielle) peut vous laisser entrevoir l'avenir. Cependant, les rêves de ce genre indiquent rarement *à quel moment* aura lieu cet événement. Les marqueurs temporels sont rares dans les rêves, mais *lorsqu'ils sont présents*, ils sont généralement exacts.

Une femme rêve, par exemple, qu'elle rencontre l'homme de sa vie. Elle se demande immédiatement quand cela arrivera. Or, personne ne le sait. Cela pourrait se produire dans quelques mois ou quelques années. à moins que son rêve ne fournisse un marqueur temporel, elle n'a aucun moyen de le savoir. Prenons l'exemple d'une scène de mariage où la demoiselle d'honneur serait une amie actuelle de la mariée. Dans ce rêve, la demoiselle d'honneur vient d'avoir 30 ans, ce qui donne une indication sur le moment où le mariage aura lieu. On pourrait aussi imaginer que la date du mariage soit inscrite sur un faire-part. Même s'ils sont rares, essayez de repérer les marqueurs temporels dans vos rêves.

**3. LES MOTS PRONONCÉS SONT SOUVENT EMPLOYÉS AU SENS PROPRE.** Les rêves sont des métaphores visuelles. Pourtant, paradoxalement, les mots prononcés dans les rêves sont souvent employés au sens littéral. Si quelqu'un de votre famille vous dit d'aller voir un médecin, vous devriez prendre rendez-vous. Si un ami à qui vous n'avez pas parlé depuis longtemps vous dit dans un rêve « J'ai besoin d'aide », prenez de ses nouvelles. Si vous rêvez qu'une personne se fait opérer et que le chirurgien dit « C'est réparé », c'est que cette personne se rétablira. Si vous traversez un moment de découragement au travail et que, en rêve, votre patron vous serre la main en disant « Félicitations pour votre promotion », vous feriez peut-être bien de travailler dur et de persévérer.

**4. LES RÊVES SONT SOUVENT LOGIQUES.** Même s'ils paraissent souvent décousus, les rêves peuvent faire preuve d'une grande logique lorsqu'ils évaluent un problème ou un tracas. Lorsqu'un rêve se compose de plusieurs scènes ou parties, essayez de dégager la logique de cette séquence. Par exemple, la première partie sert peut-être à poser le problème, la deuxième à faire le point sur ce que vous avez déjà fait à ce propos ou sur ce qui n'a pas fonctionné, et la troisième à pointer les éléments ou les pistes qui pourraient vous aider à résoudre la situation.

**5. LES PERSONNES ÂGÉES RÊVENT SOUVENT DE LEUR JEUNESSE.** Les personnes qui ont la chance de rester en bonne santé au-delà de 80 ans décrivent souvent des rêves remettant en scène des épisodes de leur jeunesse. Ces rêves dépeignent généralement de façon détaillée des moments précis de leur enfance ou du passé.

Parfois, ces rêves d'une autre époque renferment un message. D'autres fois, ils se contentent de rejouer des instants d'émerveillement, des souvenirs précieux ou encore des scènes douloureuses ou des traumatismes oubliés. Au fur et à mesure que les années passent, l'esprit se plonge plus fréquemment dans le passé pendant les périodes d'éveil et, lorsque nous vieillissons, ces pensées rétrospectives se reflètent dans nos rêves.

Les quelques cas rapportés par des personnes âgées suggèrent que les rêves sur le passé ne sont pas déprimants. Revisiter ses souvenirs de jeunesse apporte généralement du réconfort et de la joie. Rêver du début de son existence peut aussi être une façon de se préparer, lentement, pour une nouvelle aventure éternelle.

## RÊVES EN SÉRIE : QUAND LES RÊVES S'ENCHAÎNENT

Si vous remarquez que vos rêves arrivent *de façon groupée ou en séquence,* c'est que vous avez franchi une nouvelle étape de l'analyse des rêves. Prenez le temps d'observer les éléments récurrents présents dans vos rêves.

Comme si vous regardiez une série télévisée, cherchez les rêves répétitifs, dont les histoires se ressemblent ou contiennent des symboles qui se répètent. Vous pouvez faire en une seule nuit plusieurs rêves sur le même thème ; ou faire plusieurs fois le même rêve en quelques jours, semaines ou mois. Vous pouvez même remarquer des symboles ou des arrière-plans qui reviennent sans cesse. Ne les ignorez pas. Chaque fois qu'un canevas, un symbole ou un élément d'arrière-plan se répète dans vos rêves, c'est que votre psyché fait des efforts pour attirer votre attention. À vous de trouver pourquoi.

## POINT À RETENIR POUR ALLER PLUS LOIN

Laissez votre psyché ouvrir la voie vers de fabuleuses révélations oniriques, quand le moment sera venu. À l'exemple d'une fleur qui s'épanouit ou d'un chêne qui s'épaissit et se développe, mieux vaut laisser la compréhension des rêves progresser à son propre rythme.

9

# LES CAUCHEMARS ET LES MAUVAIS RÊVES SONT VOS AMIS

Même les cauchemars sont là pour vous aider. Les cauchemars sont faciles à reconnaître. Ils vous laissent une légère sensation d'épouvante, vous réveillent dans un hurlement d'effroi ou se situent quelque part entre les deux. Pourtant, même les rêves qui font peur sont destinés à vous aider. Le sujet d'un rêve peut délivrer un message grave et intense. Néanmoins, ce message provient d'une amie, votre psyché, qui cherche uniquement à vous aider et vous soutenir. Aussi sérieux ou effrayant que soit ce rêve, il s'agit d'une tentative de votre psyché de résoudre un problème ou surmonter une situation difficile.

**POURQUOI LE RÊVE VIRE AU CAUCHEMAR.** La plupart des cauchemars ne sont que le reflet de nos peurs et de nos angoisses intérieures. Paradoxalement, comme l'expliquent les pages suivantes, ce sont ces peurs et ces angoisses qui transforment un rêve tout à fait banal et innocent en cauchemar.

Voyez le rêve comme un véhicule transportant une idée utile à propos d'un problème important. Le véhicule n'est rien de plus qu'un moyen de transport pour ce message. Cependant, le sujet du rêve, un échec sentimental ou professionnel, par exemple, vous terrifie. à cause de cela, lorsque vous voyez le véhicule approcher, les ombres projetées par vos propres peurs lui donnent un aspect effrayant, et vous ne remarquez même pas que le conducteur du véhicule est en fait votre psyché, qui vient en amie pour vous aider.

On peut avoir envie de se distancier de cette angoisse ou de cette peur, de la repousser. C'est une réaction normale. Pourtant, l'acte même de distanciation est ce qui va « transformer » une image onirique normale en vision cauchemardesque. C'est comme un délicieux dessert à la crème qui a tourné : vos peurs font tourner la crème des rêves.

**Il n'y a que des rêveurs effrayés.** Même s'il est normal de fuir ce qui vous effraie, c'est cette fuite qui, bien souvent, donne naissance au cauchemar. Voilà pourquoi on peut dire qu'« il n'y a pas de rêve effrayant – uniquement des rêveurs effrayés ». Si l'on pouvait mettre de côté toutes nos peurs, nous ne ferions presque plus de cauchemars ni de mauvais rêves.

**Ce qui provoque les cauchemars.** Le stress, qu'il soit léger ou intense, est à l'origine de la plupart des cauchemars.

- *Le stress du quotidien.* Le stress du quotidien, qui exacerbe vos sentiments, est la cause de cauchemar la plus courante.

- *Les peurs et les angoisses incontrôlables.* Comme une roue qui se met à tourner sans qu'on puisse l'arrêter, les émotions négatives peuvent fausser vos perceptions et engendrer des cauchemars.

- *La dissonance émotionnelle.* Le déchirement quotidien entre les sentiments et les choix contraires correspond à ce qu'on appelle la « dissonance émotionnelle ». Lorsqu'un choix s'avère tellement difficile qu'aucune option ne semble satisfaisante, la pression peut vous faire craquer. Ce type d'angoisse extrême, liée à des choix difficiles, voire impossibles, donne souvent lieu à des cauchemars.

- *Le déséquilibre physique ou mental.* Certains états, comme la fièvre ou la dépression, peuvent donner de mauvais rêves, qui disparaissent après rétablissement

- *Les événements traumatisants.* Les cauchemars répétés peuvent survenir après un événement douloureux ayant suscité en vous un sentiment de vulnérabilité, tel que la perte d'un être cher ou de votre maison après une catastrophe naturelle. Tandis que la psyché essaie de digérer la douleur, votre esprit peut ressasser l'événement sous forme de cauchemar. Ce genre de rêve montre que la psyché tente de surmonter la douleur pendant votre sommeil. Au fur et à mesure que le rêveur se rétablit et apprend à faire face, les mauvais rêves s'estompent et finissent par disparaître.

- *Les tempéraments artistiques ou sensibles.* Les personnes extrêmement sensibles et créatives entretiennent un rapport plus intense avec la douleur et les souffrances du monde, ce qui les amène à faire beaucoup de cauchemars. Un homme, lors d'un séminaire, a partagé un cauchemar récurrent où il voyait des scènes de guerre et des cadavres aux membres entremêlés, alors qu'il était chauffeur de bus et menait une vie tout à fait normale. En creusant un peu plus, il s'est aperçu qu'il ressentait la douleur qu'il lisait quotidiennement sur le visage de ses passagers. Son cœur sensible avait du mal à supporter leur détresse, et cela se traduisait par des cauchemars à répétition.

- *Le stress post-traumatique*. Les personnes souffrant de ce que la médecine appelle stress post-traumatique, comme les vétérans de guerre ou les victimes de viol, peuvent faire des cauchemars dont le contenu et la structure diffèrent de ceux des cauchemars « classiques ». Contrairement à ces derniers, les cauchemars provoqués par des traumatismes extrêmes peuvent s'avérer plus sévères et perturber les cycles du sommeil. Durant mes recherches sur les cauchemars des vétérans de guerre, j'ai créé des histoires de pré-endormissement destinées à les aider à dormir et à retrouver des cycles de sommeil normaux.

## LES TROIS TYPES DE CAUCHEMARS

Comme n'importe quel rêve, les cauchemars se distinguent par leur origine et leur objectif. Les plus courants parlent de nos difficultés à évoluer sur le plan du caractère et de la personnalité. Certains mauvais rêves abordent des craintes spécifiques de la vie. D'autres, encore plus rares, prédisent un événement tragique.

### Type 1 : le type de cauchemar le plus courant

UN CAUCHEMAR QUI DÉVOILE UN TRAIT DE CARACTÈRE NÉGATIF. Il n'est jamais facile de faire face à certaines vérités peu flatteuses. Tout le monde tente de dissimuler ses imperfections, comme la colère, les actes stupides ou l'échec, et personne n'admet aisément ses faiblesses. Par conséquent, quand un rêve pointe un trait de caractère qui ne vous met pas en valeur, la première réaction est de se dire : « Non, cela ne peut pas être moi. » En d'autres termes, ce genre de cauchemar révèle ce qu'on refuse de voir en soi, ce qui n'est agréable pour personne.

Un homme fait, par exemple, un cauchemar où un taureau furieux fonce tête baissée à travers son épicerie. Il se demande alors s'il doit s'attendre à ce que des vandales s'en prennent à sa boutique. Comme la plupart de nos rêves parlent de nous, le rêveur finit par comprendre que le taureau furieux est une métaphore de son irritabilité envers ses employés. Il a du mal à faire le parallèle entre cette bête incontrôlable et lui-même, mais l'image finit par porter ses fruits. L'homme se montre plus tempéré, ce qui a créé une atmosphère plus détendue au travail, accompagnée d'une hausse des ventes.

Quand un cauchemar ne vous montre pas sous votre meilleur jour, c'est une invitation à évoluer vers une meilleure version de vous-même. Une fois le choc passé, vous vous apercevez que ce rêve est votre allié et qu'il vous aide à corriger ce qui pourrait vous poser des problèmes à long terme.

## Type 2 : un mauvais rêve que l'on rencontre moins souvent

**LES MAUVAIS RÊVES ILLUSTRANT DES CRAINTES RÉELLES.** Le rêve a pour fonction, entre autres, de traiter vos émotions. Quand la peur devient ingérable, le cauchemar en lien avec cette peur est comme une soupape de sécurité qui permet de relâcher la pression. Dans ce cas, le fait de faire ce cauchemar, en soi et par soi, devient une échappatoire pour votre trop-plein d'émotions. Tel un système digestif émotionnel, les cauchemars qui traitent de vos peurs vous permettent de les expérimenter d'un point de vue extérieur, comme une image que vous pouvez examiner et catégoriser.

Ce type de cauchemar vous aide à digérer vos peurs et, par conséquent, vous permet de défaire tous les nœuds en vous. Ces cauchemars s'attaquent à vos craintes réelles, l'une après l'autre, jusqu'à ce qu'elles disparaissent. Une période particulièrement difficile, comme un divorce ou la perte soudaine de votre époux·se, peut donner lieu à une série de cauchemars, jusqu'à ce qu'un matin, vous ressentiez un véritable apaisement. Votre système digestif onirique, qui vous a abreuvé de cauchemars, a fait son travail. Les cauchemars qui abordent les peurs réelles ont un avantage. Ils peuvent renfermer des conseils sur la manière d'y faire face. Une femme rêve sans cesse d'une jeune fille marchant au bord d'un étang aux eaux troubles et ténébreuses, en pleine nuit. Alors qu'elle est sur le point de tomber dans ces eaux noires et profondes, elle voit une lumière au loin et prend conscience que cette lumière peut lui apporter la sécurité. Lors de la discussion, cette image fait ressurgir la terreur associée au viol que la rêveuse a subi quand elle était enfant. La lumière au loin lui fait comprendre qu'elle peut surmonter cette douleur réprimée qui couve en elle depuis des années. Grâce à cette métaphore de la lumière réconfortante dans le lointain, la rêveuse prend conscience qu'elle a besoin de consulter quelqu'un qui l'aidera à affronter les résidus émotionnels de son traumatisme.

## Type 3 : les mises en garde, effrayantes mais rares

### Les mauvais rêves peuvent être de véritables mises en garde.

La plupart des cauchemars sont liés au stress, quelques-uns mettent en scène vos peurs réelles, tandis qu'une part infime d'entre eux présagent effectivement un malheur à venir. Les cauchemars peuvent évoquer la possibilité d'une tragédie réelle, impliquant la mort, une maladie grave ou une catastrophe naturelle, que ce soit dans votre vie, celle d'un proche ou au sein d'un groupe de personnes auquel vous êtes lié·e. D'autres fois, ces mises en garde sont de moindre importance.

**LES MISES EN GARDE PEU URGENTES, MAIS VÉRIDIQUES.** Avant de nous intéresser aux cauchemars réellement annonciateurs de tragédie, arrêtons-nous sur les rêves traitant de sujets non vitaux, mais néanmoins urgents. Par exemple, un rêve peut vous alerter sur des paroles que vous avez prononcées sans vous rendre compte qu'elles étaient blessantes pour votre interlocuteur, et comme il s'agit d'un sujet sensible, le message s'accompagne d'images déstabilisantes. Un rêve peut aussi vous indiquer ce qui se passera si vous continuez de manger trois desserts par jour ; se voir avec vingt-cinq kilos en trop, même en rêve, a de quoi faire frissonner. Autre possibilité, un rêve peut vous rappeler un sujet que vous avez laissé de côté, tel qu'une relation déplaisante, mais qui demande à présent votre attention. Parce que ces problèmes peu urgents impliquent des sujets que vous jugez désagréables, ces simples mises en garde virent au cauchemar. C'est ainsi que des rêves au contenu assez banal, qui touchent à des sujets forts, mais pas vitaux, peuvent profondément vous ébranler.

**EXEMPLE DE RÊVE SUR UN SUJET BANAL : MA FILLE A UN ACCIDENT DE VOITURE.** Une mère rêve que sa fille a un accident de voiture et regarde, de loin, les secouristes emmener son enfant à l'hôpital. Un médecin lui annonce ensuite que sa fille va bien. Le rêve semble si vrai que la mère se réveille terrifiée, craignant pour la sécurité de sa fille. Plus tard, elle raconte ce rêve lors d'une conférence. Au fil de la conversation, nous mettons au jour le fait qu'à l'époque où elle a fait ce rêve, sa fille unique venait de lui annoncer qu'elle allait déménager, parce que son mari avait trouvé un emploi à des milliers de kilomètres de là. Comme la mère et la fille n'avaient jamais vécu à plus de quelques rues l'une de l'autre, ce cauchemar exprimait le choc et la détresse éprouvés par la mère. Aucun drame ne s'était produit. Le cauchemar faisait simplement état de la réaction de la mère qui venait d'apprendre, sans s'y attendre, qu'elle allait être séparée de sa fille.

**LA VÉRITABLE MISE EN GARDE CONTRE UN DRAME POTENTIEL.** Comme le montre l'exemple suivant, et bien que ce soit extrêmement rare, un cauchemar peut prédire une tragédie à venir, à la manière d'un rêve avec PES.

**EXEMPLE DE RÊVE PRÉMONITOIRE : MA FILLE A UN ACCIDENT DE VOITURE.** Une autre mère fait plusieurs rêves où elle voit d'abord sa fille unique, encore adolescente, monter en voiture avec des amis, puis cette même voiture prise dans un accident mortel. Chaque fois qu'elle fait ce rêve, elle se demande si elle doit parler à sa fille des règles de sécurité au volant lorsque celle-ci part avec ses amis, mais elle ne le fait jamais. Malheureusement, ces rêves à répétition s'avèrent prémonitoires, et la mère perd sa fille unique. En rencontrant cette femme lors d'un séminaire, j'ai été impressionnée par la sagesse avec laquelle cette mère avait décidé d'apprendre à analyser les rêves afin de tirer profit des futures mises en garde, pour elle-même et pour ses proches.

Cela demandait beaucoup de courage. Dieu seul sait si une tragédie annoncée en rêve peut être évitée. Cependant, quelle que soit l'issue de l'événement prédit, ces cauchemars prémonitoires ont un objectif constructif. D'une part, ils donnent au rêveur le temps de rassembler ses forces pour encaisser le choc, si l'événement se produit. D'autre part, d'après ce qui est rapporté dans les cercles d'analyse des rêves, ces cauchemars permettent, parfois, de se prémunir contre un danger avéré. Les vrais rêves prémonitoires annonçant des événements dramatiques sont extrêmement rares. Ils se distinguent par leur caractère répétitif, ainsi que les émotions intenses et les détails concrets qu'ils mettent en scène.

10

# LES PERSONNES DANS LES RÊVES : QUAND SONT-ELLES VOTRE REFLET ?

Les personnes que vous voyez en rêve. Qu'elles se présentent sous les traits d'un membre de votre famille, d'un ami, d'un étranger ou d'une star riche et célèbre, chacune d'entre elles délivre un message particulier.

## LE PERSONNAGE ONIRIQUE EN TANT QUE REFLET : VOUS NE VOYEZ QUE VOUS-MÊME

Le plus souvent, les personnes qui apparaissent dans vos rêves ont pour vocation de refléter vos propres comportements et traits de caractère.

**EXEMPLE DE RÊVE : MA SŒUR A FAIT UNE BÊTISE.** Une femme rêve que sa sœur fait un caprice. Dans la vraie vie, sa sœur s'emporte parfois de façon magistrale. La rêveuse remarque que, dans son rêve, sa sœur paraît totalement insensible tandis que les mots fusent de sa bouche comme du venin. La rêveuse se souvient alors des propos infamants qu'elle a elle-même tenus à l'encontre d'un collègue, la veille. Elle comprend que le rêve parle d'elle-même et non de sa sœur. Cette personne étant généralement professionnelle et constructive, elle a pourtant perdu son sang-froid la veille, et son rêve reflète l'image qu'elle a donnée d'elle-même à ses collègues. Elle se rend compte qu'une parole aimable aurait sûrement permis de résoudre la situation bien plus efficacement. Quand une personne se comporte mal dans vos rêves, inspirez profondément et passez aux aveux. Dans le fond, la plupart des personnes dont vous rêvez représentent des parties de vous-même.

## POUR SAVOIR SI UN PERSONNAGE EST LE REFLET DE VOUS-MÊME, JOUEZ AU JEU DU « 2 + 2 »

**LE PERSONNAGE ONIRIQUE COMME REFLET DE VOUS-MÊME.** La « projection » est un terme de psychologie qui décrit la facilité que l'on a à voir chez les autres ce que l'on cache à soi-même. Prenez l'automobiliste sur l'autoroute, qui zigzague entre les voies, criant sur les autres conducteurs parce qu'ils sont trop lents ou roulent sur la mauvaise voie. Il remarque les défauts des autres automobilistes, mais pas les siens. C'est cela, la projection. Au lieu de s'insurger contre ses propres défauts, on pointe ceux des autres.

La plupart des gens refusent d'admettre leurs défauts, comme le fait de s'emporter trop facilement, de trop boire ou trop manger, ou de ne pas se montrer à la hauteur de leurs idéaux. Comme vous trouvez plus pratique de réserver ces images négatives de vous-même à vos rêves, vous laissez un autre « jouer votre rôle » et incarner le comportement négatif que vous ne voulez pas voir. Pour vous distancier de l'être imparfait auquel vous refusez de vous identifier, cet autre prend les traits d'un membre de votre famille, d'un ami ou d'un étranger. Pour explorer la manière dont un personnage onirique peut refléter votre personne, essayez cet exercice. Il s'agit d'un jeu appelé « 2 + 2 », car il consiste à sélectionner deux qualités et deux défauts chez un personnage onirique central, puis à rechercher ces traits de caractère en vous-même. Voici comment faire.

1. **SÉLECTIONNEZ UN PERSONNAGE ONIRIQUE.**

- Sélectionnez l'un des personnages principaux apparus dans un rêve récemment et qui vous a laissé·e perplexe ou a provoqué en vous une vive réaction.
- Sans trop réfléchir, notez deux de ses qualités et deux de ses défauts.
- Même si le personnage est un étranger ou une célébrité que vous ne connaissez pas personnellement, vous pouvez vous faire une idée de sa façon d'être d'après ses actions, son apparence et son langage corporel. Appuyez-vous sur ces observations et vos réactions face à ce personnage.
- S'il s'agit de quelqu'un que vous connaissez, notez les traits de caractère réels qui vous viennent à l'esprit.

2. **PEUT-IL S'AGIR DE MOI ?** Après avoir fait la liste des qualités et des défauts du personnage, prenez votre courage à deux mains. Demandez-vous si ces traits de caractère sont aussi présents chez vous actuellement. Rappelez-vous que certains peuvent s'appliquer à vous uniquement pendant une certaine période ou dans certaines situations. Par exemple, bien que vous soyez d'un naturel bavard, peut-être avez-vous tendance à bouder en silence lorsque quelque chose vous contrarie. Ainsi, même si vous passez généralement pour quelqu'un de bavard, un rêve montrant une personne silencieuse peut très bien parler de vous face à une contrariété.

### 3. Mais… et si ce personnage n'est pas mon reflet ?

Après examen, si vous pensez sincèrement que les caractéristiques du personnage onirique en question ne correspondent pas aux vôtres, alors il ne reflète peut-être pas votre personnalité ou vos actions. Penchez-vous sur les autres options possibles, détaillées aux paragraphes suivants.

## QUAND LE PERSONNAGE ONIRIQUE N'EST PAS VOTRE REFLET

La plupart des personnages qui vous apparaissent en rêve reflètent votre personnalité et vos actions. Cependant, il y a des exceptions. Quand un personnage semble déroger à la règle, explorez les options suivantes.

### Les personnages incarnent la dynamique d'une relation.

Lorsqu'un rêve fait référence à vos relations avec votre patron, un associé, un membre de votre famille, un ami ou votre partenaire dans la vie, les personnages qui peuplent ce rêve donnent parfois des indications sur l'état de cette relation. Tenez toujours compte du canevas. C'est lui qui vous indique en premier le sujet central du rêve. Le comportement des personnages dans le rêve *plus* le canevas peuvent dévoiler certaines motivations, la façon dont on vous perçoit, ou encore des intentions cachées (les vôtres et celles des autres).

Quand, dans la vraie vie, vous ne savez pas quoi penser d'une relation, cherchez un rêve qui pourrait refléter ce qui se passe et vous donne un éclairage sur la situation. Ce genre de rêve peut vous conseiller sur la façon de vous comporter avec les autres ou vous inviter à modifier votre attitude ou votre comportement.

### LE PERSONNAGE ONIRIQUE REPRÉSENTE UNE PERSONNE EXISTANTE.

De temps en temps, il arrive qu'un rêve parle *vraiment* d'une autre personne. Ce type de rêve peut montrer la personne dans son état normal et agissant comme à son habitude, ou il peut s'agir d'une scène métaphorique, dans laquelle le sujet et les caractéristiques du personnage onirique vous rappellent néanmoins quelqu'un d'autre que vous. Un rêve littéral au sujet d'une autre personne peut vous aider à comprendre ses problèmes, vous révéler ses talents ou le rôle que vous jouez dans sa vie. Après avoir rêvé qu'un de ses amis voulait se suicider, une femme a décidé d'appeler cet ami. Grâce à cet avertissement, la rêveuse a réussi à remettre son ami sur les rails.

### LE PERSONNAGE ONIRIQUE VOUS GUIDE DE FAÇON CLAIRE ET DIRECTE.

Il arrive qu'un personnage présenté en rêve vous livre directement l'information dont vous avez besoin : un membre de votre famille vous indiquant où se trouve un objet perdu, par exemple, ou un mécanicien travaillant sur une pièce automobile qui a besoin d'être remplacée sur votre voiture. Quand cela se produit, toute interprétation est inutile. Il arrive aussi que seule une pensée soit évoquée. Cependant, même si aucun mot n'est prononcé, le rêveur comprend l'intention. Qu'il s'agisse de mots énoncés, d'idées implicites ou d'une information transmise visuellement par l'intermédiaire d'un personnage onirique, le conseil donné est clair et direct.

11

# TOUS LES RÊVES N'EN SONT PAS : L'EXPÉRIENCE MYSTIQUE MÉMORISÉE COMME UN RÊVE

Tous les rêves n'en sont pas. Puisque le rêve est un pont entre vos réflexions nocturnes et votre esprit en éveil, je pense qu'il est le seul véhicule de la mémoire pendant votre sommeil. Si vous vivez une expérience mystique pendant la nuit, vous vous en souvenez à la façon d'un rêve, parce qu'à ce moment-là, le rêve est le seul véhicule de votre mémoire. Même si les arguments employés pour prouver cette hypothèse sont circulaires et spéculatifs, quelques personnes font état de rêves mystiques vécus comme des événements réels – souvent plus réels qu'on ne peut le dire avec des mots. Les événements mystiques mémorisés comme des rêves sont très particuliers et possèdent une saveur à part, comme l'explique ce chapitre.

**LES ÉVÉNEMENTS MYSTIQUES SONT PLUS FRÉQUENTS PENDANT LE SOMMEIL.** Les expériences mystiques et spirituelles ont tendance à se produire la nuit, pour plusieurs raisons. Premièrement, la logique est mise en pause pendant que vous dormez, ce qui permet à votre esprit et à votre âme d'explorer les recoins et les profondeurs de la conscience. Deuxièmement, vous êtes libéré·e de toutes les injonctions, de la faim, de la soif et de l'attrait exercé par les objets électroniques. Tandis que vous glissez dans un sommeil paisible, votre esprit est libre de converser avec l'âme et de l'explorer. Peut-on prouver que des événements mystiques se produisent pendant que l'on dort ? Non, mais les passionnés rapportent régulièrement des exemples fascinants tels que ceux qui suivent.

**LES GRÂCES DIVINES SE MANIFESTENT SOUVENT PENDANT LE SOMMEIL.** Certains rêves ne sont pas des rêves, mais des manifestations de la grâce divine. Que vous cherchiez activement la bénédiction ou qu'elle vous soit offerte de façon inattendue, il arrive que la main de Dieu vous apporte un soupçon d'amour, de paix intérieure et de transformation pendant que vous dormez. Comme le dit le Nouveau Testament : « Demandez, et l'on vous donnera ; cherchez, et vous trouverez. » Les rêves qui sont le fruit de l'amour divin se reconnaissent notamment par l'effet qu'ils produisent. Ces rêves sont comme une décharge d'énergie qui ne laisse aucun doute sur leur nature divine. Vous éprouvez à la fois un choc, un sentiment d'élévation spirituelle, de la joie et l'impression d'être transformé·e, même si, d'après les personnes ayant vécu cette expérience, les mots ne suffisent pas à la décrire précisément.

**EXEMPLE 1 : APPELLE-MOI EN CAS DE BESOIN.** Une jeune femme confrontée à une situation professionnelle difficile puise sa force dans sa profonde foi en Dieu. Elle se concentre sur son travail et tâche de toujours bien se comporter en dépit des querelles constantes entre ses collègues. Pourtant, elle finit souvent la journée en larmes. Une nuit, elle rêve qu'elle vole dans les airs sur un tapis. Tandis que la douce brise du soir lui caresse les cheveux, le tapis volant se pose au sommet d'une montagne. Un rayon de lumière apparaît alors dans le ciel, révélant un numéro de téléphone en lettres d'or. Un à un, les chiffres s'affichent : 777-7777 (NDLT : cette manière d'écrire un numéro de téléphone est propre aux États-Unis). Chaque nouveau 7 la remplit d'énergie et de joie. Elle a l'impression de recevoir un amour débordant, puis se réveille en sursaut.Sachant que le 7 est un chiffre mystique dans beaucoup de traditions, elle est persuadée que Dieu a approuvé ses efforts pour rester positive dans une situation difficile.

Depuis ce jour-là, elle ne souffre plus au travail et ne se laisse plus happer par la discorde. à son grand étonnement, six mois plus tard, les fauteurs de trouble s'en vont et sont remplacés par de nouveaux associés, à la personnalité bienveillante et positive. La main invisible a non seulement réconforté la rêveuse dans ses rêves, mais a aussi eu un effet direct sur sa vie réelle, faisant d'un lieu de travail difficile un environnement agréable.

**EXEMPLE 2 : IL SUFFIT DE DEMANDER.** Pendant un an, un homme tente avec ferveur de trouver une nouvelle voie spirituelle et fait plusieurs rêves où il est touché par la grâce divine. à la fois encouragé et profondément marqué par ces interventions divines, il se demande si ces expériences nocturnes sont un hasard extraordinaire ou quelque chose de tout à fait courant. Un soir, il fait sa prière et dit : « Dieu, répondez-vous toujours à ceux qui demandent votre faveur ? êtes-vous vraiment là ? » Cette nuit-là, une voix tonitruante lui répond en rêve : « Si vous voulez, toi ou qui que ce soit, que je vous aide, il suffit de le demander. » Tel un vent fort qui impose sa présence, ce message apporte au rêveur un réconfort et une joie indicibles.

**RENCONTRES NOCTURNES AVEC LES DÉFUNTS.** Les êtres chers décédés apparaissent souvent dans les rêves des membres de leur famille et de leurs amis. Le corps du défunt paraît plus jeune, intact et plein de vie. Certains disent bonjour ; d'autres se contentent de sourire. Ce genre de contact nocturne porte à croire que la vie est éternelle. Ces rencontres semblent réelles et sont une source de joie et de consolation pour le rêveur. Si votre cœur reste connecté à un être cher décédé, ce dernier peut vous rendre visite en rêve peu après sa mort, ou parfois des années plus tard. Ce genre de visite est mémorisé comme un rêve et peut être une réponse aux sentiments de perte.

La personne défunte vient annoncer qu'elle est toujours en vie, spirituellement et pour l'éternité. Ces rencontres « par-delà le voile » rappellent les notions de paradis et d'au-delà que la plupart des religions diffusent sans fournir de description détaillée.Beaucoup pensent que le royaume des morts n'est pas très éloigné de nous, dans le temps et dans l'espace, ce qui permet à nos chers défunts de passer nous voir. Les mystiques suggèrent qu'à cause de l'amour qui nous lie à eux, il est naturel que les êtres chers décédés nous rendent visite de temps en temps, et que franchir le pont entre le rêveur et l'au-delà est plus aisé pendant le sommeil.

**EXEMPLE DE CONTACT AVEC UN ÊTRE CHER DÉCÉDÉ : PRENDS BIEN SOIN D'ELLE.** Généralement, peu de mots sont échangés dans les rêves mettant en scène un proche décédé, mais il arrive que ce dernier prenne la parole. En voici un magnifique exemple, au sujet d'un père décédé subitement environ deux ans avant le mariage de sa fille qu'il chérissait.

Quelques semaines avant la cérémonie, le futur marié, qui n'a jamais rencontré le père de sa fiancée, raconte à la famille de celle-ci un rêve qui l'a marqué. Il décrit un homme avec des cheveux noirs et des pommettes hautes, qui lui dit trois fois de suite, d'une voix ferme et de plus en plus forte : « Prends soin de ma fille ! » Au bout de la troisième fois, dans son rêve, le jeune homme finit par répondre, en bégayant : « Oui, monsieur. » La famille de sa fiancée se met alors à rire, en identifiant l'homme aux cheveux noirs comme étant le père défunt de la future mariée. Elle se souvient alors de son caractère très protecteur envers sa fille bien-aimée. Il a franchi le voile du royaume des morts pour venir se présenter en personne à son futur gendre et lui rappeler, même si le jeune homme n'a rien à se reprocher, qu'il veut le meilleur pour sa fille adorée. Quand il y a de l'amour, les liens familiaux sont éternels.

**RÊVE ET VOYAGE ASTRAL.** Les mystiques affirment que l'âme peut quitter le corps la nuit, pendant que l'on dort, afin d'aller se promener. C'est ce que l'on appelle un « voyage astral », une « projection astrale » ou encore une « expérience extracorporelle ». Lors de ces voyages astraux, le corps endormi reste à sa place tandis que l'âme s'élève et part explorer le monde et au-delà, tout en restant connectée au corps via un fin cordon mystique et surnaturel. C'est ce cordon qui permet à l'âme de retrouver son chemin jusqu'au corps endormi.

**LES TYPES DE VOYAGES ASTRAUX.** Quelques rêveurs font le récit d'explorations astrales offrant un aperçu de royaumes célestes inconnus. D'autres voyages s'apparentent à des expériences de mort imminente où une personne meurt ou frôle la mort, visite l'au-delà, puis reprend conscience pour raconter ce qu'elle a vécu. Le voyage astral peut aussi se produire pendant le sommeil et être assimilé à un rêve, à la manière d'une expérience mystique.

**LES RÊVES DE VOYAGE ASTRAL.** Certains rêves où l'on survole des rues familières la nuit, loin au-dessus des arbres et des immeubles, peuvent être des voyages astraux. Il en est de même pour ceux où l'on discute à bâtons rompus avec un ami ou un associé, en poursuivant une conversation entamée au courant de la journée ou en renouant une amitié. Les rêves de voyage astral décrivent souvent des rues, des personnes et des lieux réels que l'on reconnaît et, lorsqu'on revient de ce genre d'expédition nocturne, il arrive que le corps ressente un léger choc à l'atterrissage.

**EXEMPLE 1 DE VOYAGE ASTRAL : VISITE NOCTURNE CHEZ UN AMI.** Une jeune femme qui s'inquiète pour la santé d'un ami rêve qu'elle survole la ville à toute vitesse pendant la nuit, passant au-dessus de plusieurs lieux qu'elle connaît bien. Parfaitement consciente de l'endroit où elle se trouve, elle s'immerge dans la lumière des lampadaires et les rues désertes. Elle arrive chez son ami. En le regardant dormir paisiblement, elle obtient confirmation que celui-ci va bien. Sa mission est accomplie. Elle se rend compte alors qu'elle a déjà passé beaucoup de temps hors de chez elle et qu'elle est séparée de son corps. Cette prise de conscience la réveille en sursaut, comme si son âme venait de réintégrer son corps avec fracas.

**EXEMPLE 2 DE VOYAGE ASTRAL : COURS NOCTURNES.** Les enseignants qui s'intéressent à l'analyse des rêves rapportent des expériences de « cours nocturnes ». Ces rêves mettent en scène des conversations avec des étudiants passionnés, sur un sujet abordé en classe au cours de la journée. Ces rêves leur semblent particulièrement vrais, comme des voyages astraux partagés par un groupe, désireux de se réunir à nouveau autour d'un sujet ayant suscité l'enthousiasme général.

**EXEMPLE 3 DE VOYAGE ASTRAL : VOYAGE EN TERRE LOINTAINE.** Des rêveurs rapportent s'être rendus dans des pays lointains pour rendre visite à des êtres chers et se reconnecter spirituellement à eux, quelques instants. C'est un type d'expérience courant chez les jumeaux séparés par la distance ou les couples où l'un des partenaires est en voyage à l'étranger. Même s'ils oublient les détails de ces conversations nocturnes, ils gardent en mémoire l'intensité de la connexion établie durant cette expérience.

**TERRITOIRE INCONNU.** Ces exemples suggèrent que le voyage astral peut avoir pour facteurs déclencheurs l'inquiétude au sujet d'un proche, un enthousiasme partagé ou le manque engendré par l'absence. Ces liens du cœur peuvent amorcer des voyages astraux que la mémoire assimile à des rêves. Les expériences de ce type, que les mystiques décrivent depuis plusieurs siècles déjà, nous interrogent sur l'étendue de ce qui nous reste à découvrir sur les horizons spirituels encore inexplorés.

MES VŒUX

# DE CHALEUREUX ADIEUX

Félicitations ! Vous voilà au bout de ce trek à travers les bases et quelques notions plus poussées du rêve et de son analyse. J'espère que, grâce à ce petit aperçu, vous vous sentez prêt·e, enthousiaste et impatient·e à l'idée de revisiter votre propre existence telle qu'elle vous est narrée en rêve. Dire que je vous souhaite une vie pleine d'aventures par le biais de l'exploration de vos propres rêves peut paraître un peu banal – mais c'est réellement ce que j'espère.

## MON SOUHAIT PERSONNEL : QUE L'ANALYSE DES RÊVES SOIT ENSEIGNÉE DÈS LE LYCÉE

En tant qu'experte passionnée des rêves, je souhaiterais voir l'analyse des rêves enseignée au lycée et à l'université. Dans un monde où les défis se multiplient et où les progrès technologiques s'accélèrent, disposer d'outils personnels et constructifs axés sur la compréhension et le développement de soi-même, tels que l'analyse des rêves, serait un véritable avantage pour nos jeunes. Pour aller plus loin dans ce rêve éveillé offrant à l'analyse des rêves une place à part entière dans le cursus éducatif, j'ai élaboré un cours d'introduction sur l'analyse des rêves, inspiré des expériences oniriques de toute une vie. Ce cours peut aussi bien servir de trame pour les professeurs que de contenu, que ces derniers peuvent intégrer à leurs propres enseignements. J'invite les éducateurs souhaitant enseigner l'analyse des rêves, de façon formelle ou informelle, à me contacter via InterpretADream.com pour en savoir plus à ce sujet.

*En attendant, adieu et portez-vous bien.*

# INDEX


## A

Analyse avancée, 84, 86, 87, 88
Analyser les rêves 11, 15, 84, 86, 98
*Voir aussi* Technique des rêves en cinq étapes ; Signification des rêves ; Symboles et images
Analyser les rêves, c'est facile, 15

## C

Canevas, 28, 29, 31, 38, 40, 41, 42, 43, 44, 45, 46, 47, 49, 50, 51, 52, 55, 72, 73, 77, 78, 79, 80, 81, 82, 89, 104
à propos : vue d'ensemble, 28, 29
créer/définir le, 40, 43
étape 2, viii, 28, 49
faire le lien avec la réalité, 29, 50
préciser le, 51, 55
trouver le, 40, 82
Cauchemars, 17, 27, 90, 91, 92, 93, 94, 95, 96, 97, 99
Conseils 11, 26, 43, 44, 46, 47, 50, 52, 74, 76, 84, 96
*Voir aussi* les thèmes spécifiques
astuces et faits insolites, 13
PES, 11, 12, 18, 87, 98
journal des rêves, 2, 20, 21, 22, 23
se souvenir de ses rêves, 14, 25, 26

## D

Définition du rêve, 1
Dictionnaires des rêves, 19

## E

Effrayants, rêves, 17, 18
Émotions, 2, 14, 27, 29, 30, 32, 33, 34, 36, 37, 55, 67, 72, 92, 95, 99
Exemples, 20, 41, 42, 45, 51, 52, 57, 65, 66, 71, 76, 77, 97, 98, 101, 108, 109, 110, 112, 113
Expériences mystiques, 106, 107

## I

Interpréter, 16, 19, 20, 61, 85
*Voir* Signification des rêves ; Symboles et images

## J

Journal des rêves, 2, 20, 21, 22, 23

## M

Mauvais rêves, 90, 91, 92, 93, 94, 95, 96
Métaphores, les messages oniriques sont, 19

## N

Naissance des rêves, 4

## P

Personnages oniriques, 55 102, 103
Personnes, dans les rêves, 100, 101
PES, 11, 12, 18, 87, 98
Physiologie, rêves et, 6, 7, 27
Problèmes, 5, 18, 23, 24, 36, 42, 58, 67, 74, 78, 82, 95, 97, 105
Psyché, 2, 3, 4, 5, 12, 15, 21, 23, 25, 26, 36, 56, 62, 63, 73, 75, 85, 89, 91, 92, 93
à propos : rêves et, 3,4,5, 85
composition de la, 3
comprendre les rêves et la, 2,3, 4, 75, 89, 91, 92, 93
connecter tous les éléments, 89
encourager l'afflux des rêves, 73
journal des rêves et, 2
naissance des rêves, 4

## R

Rêves en série, 89
Rêves énigmatiques, 20

## S

Signification des rêves viii, 14, 27, 28, 31, 34, 53, 55, 72
analyse facile 16, 17, 19, 57, 58, 60
astuces pour déterminer la 14, 16, 17, 19, 27, 40, 43, 44, 45, 50, 52, 56, 86, 87
cauchemars, 90, 94, 95, 96
*Voir* mauvais rêves
comprendre la, 17, 52, 57
débat sur la validité de la, 7, 9
dictionnaire et, 19
exemples de rêves, 41

interprétation, 16, 43, 73
journal et, 20, 21
métaphores et, 34, 60, 61, 63, 65, 68, 69, 74
rêves énigmatiques et, 20
sources des messages oniriques, 15
tous les rêves ont un sens, 14
Sources des messages, 15
Sources des rêves, 18
Souvenir de ses rêves, se, 25
Symboles et images, 54, 55, 56, 61, 62, 63, 64, 65
à propos : vue d'ensemble des, 55, 56, 61
analyse, 77, 78, 79, 80, 82, 86, 87
conseils 56, 57, 58, 59, 60, 62, 63, 86
étape 4, 56
exemples de rêves 57, 58
personnages oniriques et, 60, 101, 102, 103, 104, 105
pourquoi des images dans les rêves, 59, 61, 65, 68, 75, 79, 102
Symboles oniriques partagés, 65, 66, 67, 68

T

Technique des rêves en cinq étapes, viii, 11, 16, 27, 40, 55, 76
à propos : vue d'ensemble, 5
étape 1 : les émotions, 28, 31, 34, 55
étape 2 : Voir Canevas, viii, 28, 49
étape 3 : établir un lien entre le canevas et votre vie, 29, 49, 50
étape 4 : Voir Symboles et images, 29, 31, 55, 56
étape 5 : Voir Signification des rêves, 30, 71, 72
Thèmes spécifiques, 41, 42, 45, 76, 77

V

Vie, établir un lien entre le canevas et votre, 50

Composition et mise en pages : les PAOistes

ISBN : 978-2-501-14879-5

4147707/2

Imprimé en Espagne par Unigraf en juin 2022

pour le compte des Éditions Hachette Livre (Marabout),

58, rue Jean Bleuzen, 92178 Vanves CEDEX.

Dépôt légal : mai 2020

PAPIER À BASE DE FIBRES CERTIFIÉES

MARABOUT s'engage pour l'environnement en réduisant l'empreinte carbone de ses livres. Celle de cet exemplaire est de : 600 g éq. $CO_2$ Rendez-vous sur www.marabout-durable.fr